나는 아침마다
삶의 감각을 깨운다

나는 아침마다 삶의 감각을 깨운다

자존감을 높이는 아침 1분 루틴

고토 하야토 지음
조사연 옮김

21세기북스

나를 사랑하게 되는
기적의 아침 루틴

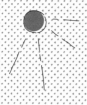

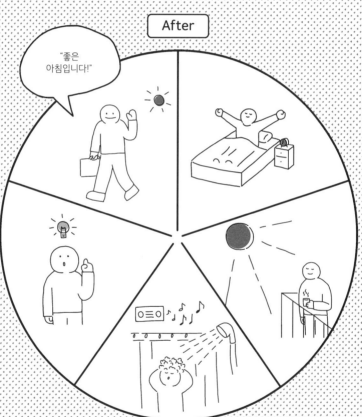

자신감이 차오르는 개운한 아침이 된다!

프롤로그

<u>의욕 없는 삶에서 두근거림 가득한 삶으로!</u>

지금 당신의 아침은 어떤 모습인가요?

많은 사람이 매일 '5분만 더', '5분만 더' 하며 무거운 몸과 마음으로 힘겨운 아침을 맞이하고 있을 겁니다. 결국, 늘 빠듯한 시간에 꾸역꾸역 일어나 '10분만 더 일찍 일어날걸' 하는 후회와 자책으로 아침을 시작합니다.

저도 마찬가지였습니다. 특히 처음 사업을 시작할 때는 늦은 밤까지 일하고, 매일 충혈된 눈으로 아침을 맞이했죠. 오후가 되어서야 정신을 차리고 그때부터 또 늦은 밤까지 일하는 생활의 반복이었습니다. 그러나 사업은 뜻대로 되지 않았고, 곧 위기가 찾아와 저는 큰 좌절감에 빠진 채 시간을 보냈습니다. 자존감도 무너져 더 이상 아무것도 할 수 없을 것 같은 생각이 저를 괴롭혔습니다. 바로 '아침 시간'의 중요성을 깨닫기 전까지 말이죠.

사업이 위기에 처해 조언을 구하고자 각 분야에서 성공한 사람들을 찾아갔을 때 그들은 모두 입을 모아 아침의 중요성을 강조했습니다. 그래서 그때부터 저는 성공한 사람들의 아침 습관을 따라 해보기로 했습니다.

놀랍게도, 그때부터 인생이 크게 바뀌었습니다! 꼬리에 꼬리를 물며 악순환처럼 흘러가던 하루하루들이 언제 그랬냐는 듯 술술 풀려나갔습니다. 머릿속으로 그리던 일들도 조금씩 현실로 이루어지기 시작했습니다. 내가 계획한 대로 삶을 꾸려갈 수 있게 되자 매일 조금씩 자존감이 회복되었고, 이전에 없던 무한한 자신감이 생겼습니다. 지금은 이보다 더 좋을 수 없을 만큼 즐겁고 두근거리는 나날을 보내고 있습니다. 모두 '아침' 덕분이라고 해도 과언이 아닙니다.

이 책에는 이처럼 효과는 강력하면서도 누구든 지금 바로 시작할 수 있는 '아침 사용법'을 알기 쉽고 간결하게 정리해 담았습니다. 대부분의 방법은 길어야 1분 정도면 모두 마칠 수 있습니다. 그렇다고 여기서 소개하는 내용을 한꺼번에 모두 할 필요는 없습니다. 부담 없이 실천할 수 있는 것부터 시작해 서서히 늘려가면 됩니다.

하루아침에 엄청난 변화가 이루어진다거나 극적인 결실을 보는 것은 어려운 일입니다. 하지만 오늘을 어떻게 사느냐에 따라 내일이 변하고, 나아가 인생이 변합니다. 할 수 있는 것부터 하나하나 시도하다 보면 당신의 하루가, 당신의 인생이 바뀔 수 있습니다.

이제 매일 조금씩 변화해가는 자신을 경험해보는 건 어떨까요?

차례

제1장

나는
매일 아침
새로운 나를
만난다

단 1분으로
뇌는 설레기 시작한다

대부분 사람은 아침에 일어나는 걸 힘들어한다. 왜 아니겠는가. 비몽사몽간의 의식을 억지로 깨워 침대에서 나오기란 때때로 고통스럽기까지 하다. 추운 계절에는 더더욱 그렇다. 제시간에 일어나지 못한 날에는 결국 시간에 쫓겨 집을 나서게 되고, 몸도 마음도 찌뿌둥한 채로 하루를 무기력하게 보내게 된다.

사실 알람 소리가 울림과 동시에 자리를 박차고 일어나 바로 활동을 시작하는 것은 몸에 좋지 않다. 혈압이 급격히 상승하면서 심장과 뇌에 부담을 주기 때문이다. 잠에서 깬 뒤 몸과 마음이 충분히 따뜻해질 때까지 예열하는 시간이 필요하다.

그렇다고 그냥 멍하니 넋 놓고 있으란 얘기가 아니다. 그러려고 알람까지 맞춘 건 아니잖은가. 하루의 시작, 누구도 방해할 수 없는 나만의 시간, 잠에서 깬 뒤 출근하기 전까지의 이 시간을 어떻게 보내느냐에 따라 그날의 기분이 달라지고, 무겁게만 느껴졌던 아침을 설레는 마음으로 맞이할 수 있다.

잠에서 깬 뒤 1분, 바로 활동을 시작하기에는 부담스럽고 다시 잠을 청할 수는 없는 살짝 모호한 이 시간에 내가 바라는 오늘 하루의 모습을 떠올려보자. 멍하니 흘려보냈던 이 시간이 완벽한 하루를 만드는 마법의 시간이 될 것이다.

기분 좋은 하루를 보내는 모습을 짧게 떠올리며 오늘 하루 다 잘될 거라고 마음속으로 확신한다.

몸이 금방 일으켜지지 않아 이불 속에서 뒤척거

리며 이런저런 생각을 할 때가 누구나 있을 것이다. 그 '이런저런 생각'을 '기분 좋은 하루의 모습'으로 바꾸기만 하면 된다.

어떤 모습을 떠올려야 할지 어렵게 느껴진다면, 좀 더 구체적인 상황을 떠올려보는 것도 좋다. 출근길에 마시는 따뜻한 커피 한 잔, 마음에 드는 옷을 입은 모습, 좋아하는 사람과 함께하는 식사 등 사소하지만 나를 기분 좋게 해주는 구체적인 상황을 떠올려보자.

'회사에서 진행 중인 프로젝트가 성공한다'라거나 '미팅을 잘 끝낸다', '회의 시간에 내 의견이 채택된다' 혹은 '근사한 데이트를 한다' 등 오늘 처리해야 할 업무나 일어났으면 하는 일을 떠올리는 것도 좋다.

'아, 이렇게 됐으면 좋겠다'라고 생각하는 상황을 머릿속으로 상상해보라. 아직 뇌는 잠에서 덜깬 상태이므로 현실의 이런저런 제약을 받지 않고 금방 상상이 된다. 특별한 일정이 없는 날은 일과를 가만히 떠올려본다. 하루를 기분 좋게 보내는 당신의 모습을 말이다.

상상의 힘은 실로 대단하다. 긍정적인 모습, 일을 매끄럽게 해내는 자신의 모습을 떠올리면 뇌는 그 모습을 실제 현실의 경험으로 기억한다. 부정적인 이미지를 떠올렸을 때도 마찬가지다. 상상일 뿐인데도 뇌는 진짜 실패했다고 기억한다. 한마디로, 긍정적인 이미지를 많이 떠올릴수록 긍정의 뇌로 변화할 뿐 아니라 하루를 힘겹게 하는 초조함, 불안감도 사라진다.

꾸준히 좋은 성적을 내는 운동선수들도 전문가의 지도 아래 매일 반복해서 이미지 트레이닝 훈련을 한다. 요즘은 직장인, CEO 중에도 이미지 트레이닝 훈련을 하는 사람이 많다.

'머피의 법칙'과 반대되는 개념으로 '샐리의 법칙'이 있다. 머피의 법칙이 '항상 바라지 않는 방향으로 일이 진행되는 것'을 말한다면, 샐리의 법칙은 '자신이 바라는 대로 일이 흘러간다'라는 개념이다. 두 법칙 중 어떤 것을 믿는 사람이 더 긍정적인 사고를 하겠는가? 당연히 후자다. 실제로 내 주변의 직장인 중에서도 긍정적인 사고를 하는 사람들은 무슨 일을 하든 성과를 내는 것은 물론, 언제나 가뿐하고 상쾌한 컨디션을 유지한다. 반대로 부정적인 경향이 강한 사람은 그렇지 못하다.

소화해야 하는 일정이 많은 날, 자신 없는 일이나 힘겨운 일에 매달려야 하는 날일수록 아침에 눈을 뜬 순간, 뇌의 이 기능을 적극적으로 활용해 모든 상황을 가볍게 처리하는 상쾌한 자신의 모습을 그려보자. 뇌를 기분 좋게 만드는 것이 목적이므로 무조건 자신에게 유리한 상황, 미소가 지어지는 상황을 상상하면 된다.

긍정적인 기분으로 시작하는 하루와 떠밀리듯 억지로 시작하는 하루는 그 과정도, 결과도 확연히 다를 수밖에 없다. 하루의 결과는 아침에, 잠에서 깬 후 단 1분에 결정된다는 사실을 꼭 기억하자.

미래의 나를
만나러 가는 시간

일상이 흔들리고, 어느 때보다 무기력한 날들을 보내는 사람이 많아진 요즘, '마음챙김'으로 마음을 다잡으려는 사람이 많아졌다. 마음챙김이란 '지금, 여기'에 있는 '나'라는 존재를 의식하며 마음을 정돈하는 것을 말한다. 세계적인 경영인, 정치가, 운동선수, 예술가들 역시 마음챙김을 통해 내면을 관리하고 있으며, 사원 연수 프로그램으로 마음챙김을 도입하는 기업도 많아졌다.

마음을 정돈해 자기 본연의 모습과 가능성을 발견

하는 과정이 원하는 결과를 끌어내는 밑거름이 되기 때문이다.

이때 빠질 수 없는 것이 명상이다. '명상' 하면 폭포수 아래 가부좌를 한 채 거센 물줄기를 맞거나 특별한 장소에 가서 특별한 지도를 받는 모습을 떠올리는 사람이 많을 것이다. 하지만 꼭 그렇게 거창할 필요는 없다. 더 반가운 소식은, 잠에서 깬 직후야말로 자연스럽게 명상에 들어갈 수 있는 최적의 상태라는 것이다.

알람이 울렸는데도 도저히 눈이 떠지지 않을 때가 있지 않은가? 이때는 반은 깨고 반은 잠든 렘수면(REM sleep) 상태다. 몸은 휴식 중인데 뇌는 깨어 활동하는 것으로, 일종의 명상 상태인 셈이다. 명상 상태에서 사람은 자기 본연의 모습과 생각을 쉽게 드러낸다. 다가올 일들로 마음이 복잡할 때 이 시간을 사용해 자신의 미래 모습을 떠올려보면 좋다. 방법은 매우 간단하다.

명상 상태에 들어갔다는 느낌이 들면 '내가 바라는 3년 후의 내 모습'을 생각하며 이상적인 자신의 모습을 그려본다.

'가게를 열고 싶다', '영어 회화를 잘했으면 좋겠다' 등 뭐든 좋다. 머릿속에 떠오른 생각을 흘려보내지 않고 붙잡는다.

이상적인 모습을 분명한 이미지로 떠올린 다음에는 3년 후에도 현재의 자신과 전혀 다르지 않은, 조금의 성장도 진보도 없는 자신을 상상해본다. 시간을 허비한 채 그저 나이만 먹은 자신의 모습 말이다. 상반된 두 가지 모습이 또렷해지는 만큼 이상적인 모습을 실현하고자 하는 마음도 더욱 확실해진다.

이제 머릿속에 떠올린 3년 후 꿈을 이뤄낸 이상적인 자신에게 질문을 해보자.

"꿈을 실현하기 위해 3년 전 어떤 도전을 했니?"

자격증을 따려고 학원에 다녔다거나, 영어 회화

교재를 사서 공부하기 시작했다거나, 공부하는 데 도움이 되는 직장으로 옮겼다거나… 3년 후 원하는 모습이 되기 위해 해야 할 행동들이 무엇인지 분명히 가르쳐줄 것이다. 이것이 바로 미래의 꿈을 실현하기 위해 현재의 당신이 지금부터 해야 할 행동이자 내디뎌야 할 첫걸음이다.

3년 후 자신과의 만남을 향해 내디뎌야 할 첫걸음이 분명해졌다면, 이제 실제 행동으로 옮기자. 다이어리에 기록하는 것이다. 기록하면 그 일은 '해야 하는 일'이 된다. 그러면 구체적인 행동을 하게 되고, 꿈꾸던 3년 후의 모습도 어느새 현실이 되는 순간이 온다.

매일 바쁘게 생활하다 보면 눈앞의 일들에 치여 미래를 위한 행동은 뒷전으로 밀리기 일쑤다. 자신의 이상과 바람을 명확히 하고 그것을 확인하면, 주위를 맴도는 망설임과 불안이 사라져 의욕을 유지할 수 있다. 또 더 큰 미래가 보이기도 한다.

명상하기에 최적의 상태인 아침을 활용해 주기

적으로 미래의 나를 만나러 가보자. 원하는 하루를 만들고, 그 하루하루를 쌓아가며 더 나은 나를 만드는 방법, 그를 위해 지금부터 내가 해야 할 일이 무엇인지 미래의 내가 그 비결을 가르쳐줄 테니 말이다.

평소 하지 않던 행동이
즐거움을 만든다

마음먹은 대로, 계획대로 흘러가지 않는 게 인생이다. 별다른 이유 없이 자꾸 삐걱거릴 때도 있다. 그럴 때는 흐름을 바꿔보자.

어제와 다른 결과를 원하는가? 그렇다면 어제와 다른 행동을 해보자. 사고가 멈춘 것 같거나 아이디어가 잘 떠오르지 않을 때는 평소 하지 않던 행동을 시도해본다. 뇌는 익숙한 상황과 행동을 좋아하는 속성이 있어서 평소와 다른 행동을 하는 순간 깜짝 놀란다. 그러고는 '어, 이건 뭐지?' 하며 허둥지둥 대책을 세운다. 또 행동이 달라지면 눈에 들어오는 것도 달라지기 때문에 사고도 변화에 대처하고자 적극적으로 움직인다.

결과는 행동의 산물이다.
평소와 다른 행동은
다른 결과를 가져오는 계기가 된다.

거창한 변화가 아니어도 좋다. 1분만이라도 베란다에 나가 크게 심호흡을 하거나, 늘 마시는 홍차를 커피로 바꿔보는 정도로도 충분하다. 더 큰 효과를 원한다면 가볍게 스트레칭을 하는 등 몸을 쭉쭉 늘이며 이리저리 움직여본다.

억지로 끌려간 골프였는데 예상외로 즐거워 우울했던 기분이 싹 가셨다거나 툴툴거리며 시작한 청소에 어느새 푹 빠져 시간 가는 줄 몰랐다거나 하는 경험, 한 번쯤은 있지 않은가? 계획에 없던 행동을 시작해 뇌가 활성화되었기 때문이다. 또 사람은 뇌 구조상 몸을 움직이는 동안에는 부정적인 생각을 하기가 어렵다. 몸을 움직이면 머리에 고인 부정적인 생각이 사라지고 멈춘 사고가 다시 움직이는 힘이 생긴다. 예를 들어 나는 시간 여유가 있는 날에는 밖에 나가 골프채를 휘두른다. 그러면 답답했던 속이 뻥 뚫리는 듯하고 자신감이 생긴다.

오늘 아침에는 평소와 다른 행동을 하나씩만 해보자. 활동적인 게 아니어도 좋다. 평소 하지 않던 행동 하나를 하는 것이다. 음악을 듣는다거나, 좋아하는 책을 아무 페이지나 펼쳐 한 구절을 읽는 등 여느 아침과는 다른 행동을 하는 단 1분, 그 사소한 변화가 뇌를 활성화해 즐거움을 느끼게 한다. 의도하지 않은 작은 행동 또는 무심코 시작한 일에 뇌가 자극을 받아 더 나은 미래를 맞이할 수 있게 되는 것이다.

뇌는 행동 변화에 민감하다. 이 특성을 잘 이용해 오늘 하루 좋은 변화를 일으켜보자.

최상의 컨디션을 만드는
3분 스트레칭

몸과 마음과 머리는 같이 움직인다. 몸 상태가 나쁘면 올바른 판단을 하기가 어렵고, 고민이 있으면 몸의 컨디션이 나빠지면서 나른한 느낌마저 든다. 몸과 마음과 머리가 서로 깊이 연결되어 있기 때문에 지극히 당연한 일이다. 이렇게 서로 영향을 미치는 몸과 마음, 머리 중 우리가 아침 시간을 활용해 가장 쉽게 최상의 컨디션을 만들 수 있는 것은 바로 몸의 상태다.

몸의 컨디션이 최상의 상태를 유지할 때

비로소 마음도 최고의 컨디션을 유지할 수 있다.

몸의 상태는 간단한 스트레칭으로 확인할 수 있다. 스트레칭을 하면 어느 부분에 통증이 있는지, 어느 부분이 부자연스러운지 꼼꼼히 확인할 수 있다. 따라서 몸이 아파지기 전에 대처할 수 있고, 그 이상 나빠지는 일도 없다. 몸이 무겁고 힘이 잘 들어가지 않는 등의 증상도 바로 알 수 있을 뿐 아니라 요통 예방이나 부상 방지에도 도움이 된다.

나는 매일 아침 간단한 스트레칭과 근육 운동을 한다. 알고 지내는 트레이너의 조언을 받아 고안한 운동이다.

우선 스트레칭으로 몸을 충분히 풀어준다. 이어 다리를 든 채 복근 운동을 하고, 가슴근육을 단련하기 위해 팔을 넓게 벌려 팔굽혀펴기를 한다. 각각 1분씩만 한다. 모두 해도 3분이면 끝나기 때문에 부담도 없다.

아침 시간을 활용해 몸과 대화하는 시간을 꼭

가져보자. 그리고 근육 운동이 끝나면 반드시 몸에 감사 인사를 하자. 오늘 하루 수고해줄 몸에게 감사의 마음을 가지면 몸이 기뻐하며 더 힘차게 움직여준다.

기분 좋은 하루를 보내는 데 가장 중요한 것은 건강한 몸이다. 아무리 의욕이 충만한들 몸이 움직여주지 않으면 아무것도 이룰 수 없지 않은가. 건강한 하루를 보내고 싶다면, 오늘 해야 할 일들을 매끄럽게 잘 끝내고 싶다면 반드시 몸의 상태를 확인하자. 그런 다음 '오늘 하루도 함께 잘 지내보자'라는 응원의 마음을 전하자.

운의 흐름을 타는
최적의 시간

모든 일에는 흐름이 있다. 자연 속 강의 흐름, 사람 몸속의 혈액 흐름, 조직 내 정보의 흐름처럼 말이다. 마찬가지로 행운에도 흐름이 있다. 자신에게 뭔가 좋은 흐름이 온 듯한 느낌이 들면 그 흐름을 안에 가둬두지 말고 반드시 주위로 흘려보내자.

당신에게도 혹시 이런 경험이 있지 않은가? 반쯤 포기하고 있던 일이 어느 날 뜻밖의 실마리가 보이면서 갑자기 깔끔하게 해결됐다거나, 우연히 알게 된 사람을 통해 오랫동안 꿈꿔왔던 일을 시작하게 됐다거나 하는 일 말이다. 이처럼 행운이 또 다른 행운을 불러오는 순간들이 있다. 이런 행운의 연쇄 작용이 바로 '운의 흐름'이다. 매일 아침 평온한 마음 상태에서 잠시나마 나의 흐름을 느껴보자. 좋은 기운이 느껴진다면 오늘 하루 동안 내가 가진 운의 흐름이 원활히 돌 수 있도록 평소와는 조금 다른 마음가짐으로 하루를 시작해보자.

운의 흐름에 올라타면 생각지 못한 기회가 열려 한 단계 발전할 수 있다.

자신에게 찾아온 행운의 흐름을 다른 사람에게 흘려보내면 또다시 새로운 행운의 흐름이 흘러온다. 모처럼 찾아온 행운의 흐름을 다른 사람에게 흘려보내기 아깝다고 말하는 사람도 있지만 그렇지 않다. 강물이나 혈액처럼 행운 역시 멈춰 있지 않고 끊임없이 흐를 때, 건강하고 힘이 있는 것이다.

욕심에 사로잡혀 나만 향유하려고 하면, 썩어가는 물웅덩이처럼 행운의 흐름도 멈추고 변질된다.

결과적으로 자신에게 흘러드는 행운의 흐름도 막히고 말아 더는 성장을 기대할 수 없다.

행운을 독차지하려 하지 말자. 행운은 많은 사람과 공유할 때 비로소 가치 있는 무언가가 된다. 이런 마음가짐이야말로 행운을 끌어당기는 최고의 비결이다.

자존감 높은 하루를
만드는 한마디

행복한 기운을 몰고 다니는 뮤지션 퍼렐 윌리엄스 (Pharrell Wiliams)는 "당신이 늘 감사한다면 주변의 모든 것에서 행복을 찾을 수 있을 것이다"라고 말했다.

감사의 방법은 무엇이든 좋다. 가만히 눈을 감고 부모님을 포함해 가족을 떠올리며 감사의 말을 건네는 것도 좋다. 혹은 어제 나에게 안부 전화를 건넨 친구, 친절하게 인사를 건넨 직장 동료 등 내가 겪었던 사소하지만 기분 좋은 일 중 하나를 떠올리며 머릿속으로 그 대상에게 감사의 마음을 전하는 것이다.

누군가의 친절과 배려, 나를 걱정하고 신경 써주는 상대의 모습을 감사의 마음으로 떠올리다 보면 자신이 얼마나 소중한 존재인지, 얼마나 사랑받는 존재인지도 새삼 깨닫게 된다. 어찌 보면 무심코 흘려보낼 수 있는 사소한 일들이지만 이렇게 아침에 하나씩 떠올려보는 것만으로 자존감이 높아지고, 자신감 있는 하루를 시작할 수 있게 된다.

이처럼 하루를 감사로 시작하면
기분이 맑아지고 하루를 기운차게 보낼 수 있다.

나는 다른 무엇보다 '아침에 감사하기'만큼은 하루도 빼먹지 않고 계속하고 있다. 시간이 오래 걸리지 않느냐고? 아니다, 1분이면 충분하다.

누군가를 잠깐 떠올리고 나면, 그 생각들은 금세 물처럼 흐르고 흘러 내 주변의 많은 이에게까지 가닿는다. 매우 짧은 시간이지만, 신기하게도 마음이 편안해지면서 이제껏 느끼지 못했던 새로운 기분으로 하루를 시작하게 된다. 이 습관을 들이고 나서 나는 경영자로서 한층 더 자신감을 갖게 됐으며 성과도 눈에 띄게 좋아졌다.

때로는 감사를 느낄 새도 없을 만큼 하루가 바쁘게 돌아갈 때도 있다. 이런 하루들이 반복되다 보면 상대방의 호의나 배려에도 그저 무감각해져 결국엔 데면데면한 사이가 되어버리고 만다.

그렇게 되지 않도록 오늘부터 '감사의 시간'을 아침 행동 중 하나로 정해두자. 침대에서 일어나 창문을 열고 새로이 시작된 하루를 느끼며, 주위 사람들에게 '고마워요'라고 마음속으로 속삭이자. 오늘도 나에게 와준 하루라는 시간에 감사하며 "고마워"라고 말로 표현하면 마음이 한결 따뜻해진다.

또한 누군가에게 감사하는 마음을 계속해서 느끼다 보면 나 역시 누군가에게 고마운 존재가 되고 싶다는 생각을 하게 된다. 그런 마음으로 하루를 시작하면 자연스레 긍정적인 태도로 사람들을 대하게 되고, 그러다 보면 다시 나에게 친절이 돌아오는 긍정의 순환이 시작되는 것이다.

아침부터 마음을 감사로 채우면 하루가 긍정의 파동을 타고 움직이기 시작한다. 쑥스러워하지 말고 과감히 도전해보기 바란다.

분노를 떨쳐버리는 데는
아침이 제격이다

나는 매일 아침 '분노의 감정을 떨쳐버리자!'라고 선언한다. 인생을 살다 보면 불합리하다고 여겨지는 일을 종종 만나게 된다. 직장생활에서는 더더욱 그렇다. 마음속의 부정적인 생각이나 꺼림칙한 느낌이 화나 불만으로 변하기도 한다. 부정적인 감정을 마음에 계속 담아둬 봤자 좋을 게 하나도 없다. 마음속에 담아두고 있으면 어떻게든 부정적인 감정이 주변에 영향을 미치게 되는데 내 감정을 조절하지 못해 주변 사람까지 불편함을 느끼게 하는 것은 옳지 못한 일이다.

내가 지금까지 만나온 일류들은 감정을 조절하는 능력이 뛰어났다. 어떤 불합리한 일을 당해도, 어떤 말을 들어도 전혀 화를 내지 않았고 불쾌하다는 기색조차 내비치지 않았다.

도대체 그들은 어떻게 감정을 조절할까 하는 의문이 생겨 물어본 적이 있는데, 그때 가르쳐준 것이 바로 '선언'이었다. 분노를 느끼지 않겠다고 마음속으로 선언한다는 것이다.

분노의 감정을 애써 해석하려 하지 말고
그냥 그대로 내버려 둔다.

나에게 일어나는 일은 모두 내가 끌어당긴 일이다. 따라서 어떤 결과든 편안한 마음으로 받아들이고, 자신과 의견이 다를지라도 부정하지 않고 지금 상황에서 할 수 있는 최선의 행동을 하며 하늘의 뜻을 기다린다. 그러면 부정적인 감정, 분노의 감정이 사라진다. 분노의 감정을 떨쳐버리지 못하고 마음속에 눌러두면, 남 탓을 하느라 마음이 어지럽고 사소한 일에도 짜증이 나는 등 평온한 상태를 유지하기 어려워 자기 본연의 모습을 잃게 된다. 그러면 하루를 기분 좋게 보낼 수 없을뿐더러 업무 생산성이 떨어지고 성과에도 큰 지장을 준다.

화를 떨쳐버리는 데는 아침이 제격이다. 아침 시간에 분노의 감정을 잘 처리하면 하루를 마음 편안히 평소 모습대로 보낼 수 있다. 또 남에게 휘둘리지 않고 오롯이 자신과 업무에만 집중하며 능력의 최대치를 발휘하게 되므로 모든 일이 원하는 대로 매끄럽게 움직인다.

동기부여가 잘 안 되거나 이유 없이 일이 뜻대로 풀리지 않을 때는 혹시 마음속에 분노의 감정, 부정적인 감정이 쌓여 있지는 않은지 들여다보자. 자주 세심히 들여다봐야 마음속에 응어리가 생기지 않는다.

목표를 세웠으면 선언하라

사람은 눈앞에 목표가 있으면 노력하게 된다. 명상 상태에서 만난 3년 후의 내가 가르쳐준 '해야 하는 일' 목록을 포함해 이루고 싶은 목표 열 개를 써보자.

목표를 이룬 자신의 모습을 상상하며 실제로 그렇게 되려면 어떤 길을 걸어야 할지, 다시 말해 어떤 성공 스토리가 필요한지를 생각하고 구체적인 이미지로 떠올려본다. 머릿속에 존재하는 이상적인 나와 지금의 나를 잇는 계단을 만들어 한 걸음 한 걸음씩 올라간다고 생각하면 된다. 그러면 손이 닿지 않는, 그야말로 꿈속 존재였던 이상적인 모습이 실현 가능한 존재로 인식되기 시작한다.

매일 아침 열 개의 목표를
소리 내어 읽어보자.

　사람의 뇌에는 자동차 내비게이션과 같은 기능
이 있다. 그것도 성능이 매우 뛰어난 내비게이션이
다. 목표를 소리 내 읽으면 뇌 속 고성능 내비게이
션에 목적지, 즉 이상적인 자신의 모습과 목표가 입
력된다. 자동차 내비게이션과 달리 입력 즉시 출발
하지는 않지만, 목표에 도달하는 데 필요한 정보를
뇌가 무의식중에 수집하게 된다. 소리 내 읽음으로
써 성장을 위한 최적의 환경을 조성하는 것이다.
　사람의 뇌는 기능이 매우 뛰어나다. 특히 정보
처리 능력은 어떤 컴퓨터보다 우수하다고 한다. 우
뇌의 정보처리 능력은 초당 1,000만 비트 이상이
며 그 번뜩임을 좌뇌가 논리적으로 시각화해 언어
나 이미지로 형태화한다.

하지만 유감스럽게도 인간이 평생 사용하는 뇌는 전체의 몇 퍼센트에 불과하다. 보다 효율적으로 사용하기 위해서는 달성 사항을 하나하나 입력하는 식으로 뇌에 명령을 내려 목표를 의식하게 하는 과정이 필요하다. 이때 효과적인 방법이 목표를 소리 내어 읽기, 즉 선언이다

나는 예전에 '책을 출간한다'라는 목표를 세운 적이 있다. 당시 나에게 책을 출간한다는 건 맨몸으로 에베레스트를 오르는 것과 같은, 그야말로 꿈같은 이야기였다. 그래도 나는 책을 쓰고 싶다는 강한 열망을 접지 않았고, 그로부터 몇 년 뒤 목적지에 도달했다.

내가 책을 펴낸 이미지를 반복해서 떠올리는 동안 그 이상적인 자아상이 잠재의식에 새겨져 점점 원하는 모습에 가까워진 거라고 믿는다.

목표를 세울 때는 '할 수 있다' 또는 '할 수 없다'라는 시점이 아니라 '하고 싶은 것', '도전해보고 싶은 것'에 초점을 맞춰야 한다. 그래야 자신이 진정

으로 원하고 꿈꾸는 자아상을 발견하게 되고, 그때 비로소 목표를 달성하는 데 필요한 강한 의욕도 솟구치게 된다.

원하는 내가 되기 위한 출발점으로 열 개의 목표를 쓰고, 매일 아침 읽어보자.

쉽고 빠르게 꿈꾸던 내가 되는 '머릿속 연습'

상상이 현실이 되는 일이 과연 가능할까? '멘탈 트레이닝'이라고도 불리는 '머릿속 연습'은 이루고자 하는 상황을 머릿속으로 그리며 상상하는 연습법을 말한다. 캐나다 비숍 대학에서는 한 실험을 통해 머릿속 연습이 실제 효과가 있음을 입증한 바 있다. 실험에서는 세 개의 그룹으로 나눈 뒤 그룹 A는 머릿속 연습을 시행하게 하고, 그룹 B는 특정 운동을 시행하게 했다. 6주간 진행된 실험 결과 머릿속 연습을 시행한 그룹 A는 24퍼센트의 체력 증진을 보였고, 실제 운동을 시행한 그룹 B에서는

28퍼센트의 체력 증진 효과가 나타났다. 머릿속으로 운동하는 내 모습을 상상하는 것만으로 실제 운동한 것과 비슷한 수준의 효과가 나타난 것이다. 어떻게 상상만으로 변화가 가능한 걸까?

바로 우리 뇌가 현실이든 상상이든 똑같은 신경회로를 사용해 명령을 내리기 때문이다. 즉 상상만으로도 실제 행동하는 것과 똑같은 부위의 뇌가 자극되는 것이다.

이 방법은 짧은 시간을 활용해 언제 어디서든 눈만 감으면 할 수 있어 실제로 운동선수나 대중 앞에 나서는 것이 직업인 사람들이 많이 쓰는 훈련법이기도 하다.

상상하는 것만으로 변화를 가져올 수 있는 이 놀라운 방법은 감정을 함께 떠올릴 때 효과가 더 크다. 중요한 미팅이 있는 날 '실수라도 하면 어쩌지?'라며 불안해하고 걱정하는 대신, 눈을 감고 그 일정을 완벽히 소화해내는 내 모습을 상상해보자. 또 매일 아침 출근하기 전 머릿속 연습을 통해 좋은 기분을 떠올리며 완벽한 하루를 보내는 모습을 그려보자. 상상하던 대로 기분 좋은 하루, 원하는 결과를 얻게 될 것이다.

머릿속으로 바로 떠올리는 게 쉽지 않다면 처음에는 내가 원하는 나의 모습을 구체적으로 글로 쓰며 상상해보는 것도 좋다. 처음에는 집중하기가 쉽지 않겠지만, 매일 반복하며 머릿속 연습을 아침 습관으로 만든다면, 어느새 상상 속 내 모습이 실현되는 변화를 경험하게 될 것이다. 꿈꾸던 나를 만드는 건 바로 머릿속 연습에서부터 시작된다는 점을 잊지 말자.

제2장

사소한 습관 하나로
완벽한 하루가
시작된다

변화의 골든타임은
매일 아침 찾아온다

침대에 누워 하루를 어떻게 보낼지 떠올리고 있으면 새로운 아이디어가 끊임없이 스친다.

'인테리어를 이렇게 바꿔볼까?'
'오늘 미팅 때 이렇게 제안해봐야지.'
'오늘 저녁에는 새로운 요리를 해봐야지.'

나는 사업을 운영하다 보니 이렇게 떠오른 아이디어가 큰 수익으로 연결된 적도 꽤 많다. 그야말로 아침은 아이디어의 골든타임이다. 시간을 허투루 쓰지 않는 사람은 이처럼 아침에 떠오른 아이디어를 매우 소중히 생각한다.

기상 직후의 뇌는
꿈과 현실을 왔다 갔다 하기 때문에
평소 잘 떠오르지 않는 생각,
생각지 못했던 아이디어가 샘솟는다.

나는 사람들에게 아이디어맨이라는 말을 자주 듣는데 아이디어 초안 중에는 아침에 생각난 것들이 많다. 문득 아이디어가 스쳤을 때 우선 메모해 두었다가, 정리하고 고쳐 키워드를 잡고, 기획을 거치며 구체적인 형태를 만들어 비즈니스화한다. 막다른 골목에 부딪힌 문제를 해결할 힌트를 얻기도 한다. 성공한 인물이나 유명한 경영자 중 아침형 인간이 많은 것도 아침이 아이디어가 잘 떠오르는 환경이라는 사실과 관계가 있지 않을까?

단, 이것도 떠오른 아이디어를 기억하고 있을

때 얘기다. 모처럼 떠오른 아이디어도 잊어버리면 말짱 도루묵이다. 그러니 아침에 떠오른 아이디어는 반드시 그 자리에서 바로 메모해두는 게 좋다. 본인만 알아볼 수 있으면 되므로 요점만 적어도 된다.

늘 메모지와 펜을 머리맡에 둬서 언제든 메모할 수 있게 한다. 휴대폰 메모 기능을 활용해도 좋다. 나는 이 아침 메모를 '기상 메모'라고 부르는데 기상 메모 덕을 톡톡히 보고 있다.

어느 날 아침 침대에 누워 잠이 깨기를 기다리며 멍하니 생각하고 있었는데 가격을 세 단계로 나누는 '스리 프라이스(three price)'라는 아이디어가 갑자기 떠올랐다. 그래서 우선 기상 메모에 적어두었다.

그 후 메모를 바라보며 무엇을 할 수 있을까 하고 고민하다가 내가 운영하는 헤어숍의 메뉴를 '커트', '커트, 샴푸, 드라이', '커트, 샴푸, 드라이, 메이크업'으로 나누고 가격을 3단계로 책정해봐야겠다는 생각이 들었다. 그래서 즉시 행동으로 옮겼다.

결과는 대박이었다. 데이트나 동창회 가는 길에 살짝 멋 부리고 싶어 들르는 손님, 친구와 함께 오는 고등학생 손님 등 다양한 목적의 다양한 연령대가 찾아오게 됐다. 점차 입소문까지 더해지면서 헤어숍이 크게 번창했다.

아침의 즉흥적인 아이디어는 많은 가능성을 품은 씨앗과도 같다. 반드시 메모로 남겨두자. 단, 아이디어는 신선함이 생명이다. 아무리 좋은 아이디어도 시간이 지나면 상식적인 사고가 끼어들어 특이함이 사라지고 평범해진다. 처음에는 매우 참신하다며 감탄했던 아이디어가 회의를 거칠수록 그저 그런 흔한 아이디어로 전락해버린 경험이 있지 않은가? 그야말로 아이디어의 신선도가 사라진 전형적인 사례다. 이런 사태를 막기 위해서라도 새로운 아이디어는 떠오르는 즉시 메모하기로 하자.

1분간
뜨거운 물줄기를 맞아라

아침에 샤워를 하며 몸과 마음에 약간의 긴장감을 불어넣는다는 직장인이 많다. 사실 매일 하는 샤워를 살짝만 바꿔도 생활이 크게 변한다. 방법은 매우 간단하다.

처음 1분 동안은 아무것도 하지 말고 하염없이 물줄기를 맞기만 하자.

뒤통수와 목덜미를 중심으로 폭포수를 맞듯이 그냥 서 있으면 된다. 온도는 살짝 뜨겁게 느껴지는 정도가 좋다. 물줄기를 맞고 있으면 천천히 몸 속의 피가 돌기 시작하고 경직된 몸이 풀리면서 굉장히 편안한 상태가 된다. 전날의 나쁜 일, 나쁜 감정이 흘러내리는 물과 함께 다 사라지는 듯한 느낌이 든다.

또 뜨거운 물로 샤워를 하면 자율신경의 교감신경이 자극을 받아 뇌가 각성된다. 일본 도쿄가스 도시생활연구소의 연구보고서에 따르면 아침에 커피를 한잔 마신 후의 상쾌함과 아침 샤워 후의 상쾌함을 비교해봤더니 샤워가 커피보다 몇 배 이상 효과가 컸다고 한다. 그야말로 하루를 시작하는 최고의 의식이 아닐까 싶다.

아무 생각 없이 물줄기를 맞고 있으면 신기하게 도 마음이 안정되면서 종종 일과 관련된 아이디어가 떠오르기도 한다. 나 역시 샤워하는 동안 떠오른 아이디어를 실제 비즈니스에 활용한 적이 한두 번이 아니다.

일례로 고객의 브랜드 콘셉트에 쓸 메인 광고

문구가 떠오르지 않아 오랫동안 고민한 적이 있다. 그런데 어느 날 아침 샤워 중 문득 떠올랐다! 나는 바로 뛰어나와 메모했고, 이후 디자이너와 상의해 마무리 지었다. 그 문구는 고객들에게 큰 호응을 얻었다.

때로는 새로운 책이나 강연 콘텐츠 등이 떠오르기도 한다. 이 책을 포함해 과거 출간한 책의 기획 대부분은 샤워 중에 스친 아이디어를 바탕으로 했다. 물론 오랜 시간 공들인 아이디어가 성공하는 경우도 많지만, 이처럼 샤워 도중 느닷없이 떠오른 아이디어가 큰 매출로 이어진 적도 꽤 많다.

다만 한 가지 주의할 점이 있다. 앞서 말한 대로 처음에는 생각을 멈추고 그저 물줄기를 맞고만 있어야 한다는 것이다. '새로운 기획 아이디어가 필요해. 뭐든 생각해내야 해!' 하는 필사적인 마음으로 서 있으면 오히려 아무것도 생각나지 않는다. 자연스럽게 떠오를 때까지 기다려보자.

그렇게 멍한 상태로 있다 보면 명상 상태에 빠

진다. 자신의 의지와 상관없이 최근에 있었던 일이나 잠재의식에 새겨진 일들이 자연스럽게 뒤섞이면서 아이디어가 이미지가 되어 머릿속에 속속 떠오른다.

아침에 하는 간단한 샤워만으로 이렇게나 멋진 경험을 할 수 있다니 놀랍지 않은가? 당신도 꼭 시도해보길 바란다. 인생의 터닝포인트가 될 멋진 아이디어가 떠오를 수도 있으니 말이다.

아침에 쐬는 바람은
몸의 감각을 깨운다

온종일 정신없이 지내다 보면 날씨가 어떤지, 따뜻한지 추운지조차 알지 못하고 하루가 지나간다는 사람이 많다. 일에 파묻혀 주위가 보이지 않기 때문에 그렇다.

그런데 주위가 보이지 않는다는 건 냉정히 말해 그 어디에도 몰두하지 않고 있을 가능성이 크다는 것을 의미한다. 이럴 때 사람들은 일에서도 생활에서도 어이없는 실수를 하기 쉽다.

하루의 몰입도를 높이는 효과적인 방법이 있다.

반드시 하루 한 번,
해가 있는 동안 밖으로 나가 심호흡을 한다.

　가장 좋은 시간대는 아침이다. 아주 잠깐이라도 밖에 나가 아침의 상쾌한 바람과 햇살을 피부로 느끼면, 몸의 여러 감각이 깨어나면서 머리와 마음이 맑아지고 사고가 활성화된다. 또 심호흡을 하면 대량의 산소가 몸속으로 들어가 혈류가 정상으로 돌아오고 노폐물이 배출되기 때문에 피로를 날리는 데에도 효과적이다. 답답했던 마음이 뻥 뚫리기도 한다.

　크게, 천천히, 여러 번 심호흡을 반복해보자. 여유가 있을 때는 가볍게 몸을 움직이면 좋다. 하늘을 바라보며 스트레칭도 하고 화분에 물도 주고, 몇 분 동안 산책을 해도 좋다. 그러면 혈액순환이 촉진돼 뇌가 맑아진다. 피가 흐르면 뇌에도 영양이 전달되므로 생각지 못했던 아이디어가 번뜩이기도 한다.

일에 눌려 업무 이외의 것에 눈을 돌릴 수 없는 상태가 지속되는 사람이 많다. 매너리즘에 빠지면 모든 의욕이 사라지기 쉽다. 우울 상태로 발전하는 사람도 있다. 자연의 바람과 햇살에는 동물 안에 내재된 가능성을 깨우는 힘이 있다. 밖에 나가면 마음이 상쾌해지는 것도 이 때문이다.

늘 최고의 컨디션을 유지하고 싶다면 짧게라도 주기적으로 재충전하는 시간을 꼭 가져보자. 최고의 하루를 보내기 위해 아침에 창문을 열고, 혹은 밖으로 나가 바람을 맞으며 잠깐이라도 심호흡을 하자. 그러면 에너지 넘치는 본래의 모습으로 돌아가는 자신을 느낄 수 있을 것이다.

나만의 테마송으로
하루의 기분을 완성하라

매일 일에 쫓기다 보면 이유 없이 기분이 처지고 우울해질 때도 있다. 우울함이 지속되는 상황은 자신은 물론이고 주위 사람들에게도 좋지 않다. 되도록 빨리 그 상황에서 벗어나야 한다.

우울한 기분을 날려버리는 좋은 방법 하나를 소개하겠다. 바로 노래 부르기다. 좋아하는 음악을 들으면 기분이 좋아지고 마음이 확 밝아지는 경험, 아마 누구나 해봤을 것이다. 음악에는 사람을 활기차게 하는 힘이 있다. 운동 경기만 봐도 알 수 있다. 야구든 축구든, 대부분의 팀에 응원가가 있는 이유도 선수들의 사기를 북돋기 위해서다.

노래는 그냥 듣는 것보다 직접 부르는 게 훨씬 더 효과적이다.

들으면 기운이 나는 곡을 나만의 테마송으로 정하고 매일 아침 부르며 의욕을 끌어올리자. 하루를 활기차게 시작할 수 있을 것이다.

추천해주고 싶은 시간은 아침 샤워 시간이다. 노랫소리가 좀 커도 물소리에 묻히기 때문에 걱정할 필요가 없다. 주위 신경 쓰지 말고 맘껏 불러보자.

나 역시 전날 안 좋은 일이 있거나 일이 잘 안 풀릴 때 소리 내어 노래를 부르곤 한다. 스트레스가 사라지는 것은 물론이고 혈액순환이 잘돼 몸이 따뜻해지고 힘이 난다.

내 테마송은 여러 개다. 중요한 회의가 있는 날, 울적함을 극복해야 하는 날, 많은 사람 앞에서 강의해야 하는 날 등 그때그때의 기분과 일정에 따라 곡을 바꿔 부른다. 그러면 자연스럽게 그날 일정에 맞는 의욕과 자신감이 마음속에 차오르는 게 느껴진다.

세상이 뒤집혀도 시간은 어김없이 흐른다. 아무리 원해도 과거로 되돌릴 수 없고, 아직 가보지 않은 미래가 불안하다고 해서 오늘에 멈춰 있게 할 수 없다. 그렇다면 이 주어진 하루를 어떻게 하면 소중히, 힘차게 살 수 있을지에 집중하는 것이 최선이다.

하루를 활기차게 보낼지 우울한 기분으로 보낼지는 당신에게 달렸다. 적극적인 삶의 태도가 긍정적인 일들을 끌어당긴다는 사실을 꼭 기억하자.

세 가지 시점으로
판단의 질을 높여라

바야흐로 인터넷 시대, 각양각색의 미디어가 생겨 나면서 우리가 접하는 정보의 양도 하루가 다르게 방대해지고 있다. 이를테면 SNS 계정만 있으면 너무나도 손쉽게 친구가 생기고 그 친구의 일상생활까지 들여다볼 수 있다. 몇 년 전까지만 해도 상상조차 못 했던 세계가 이제는 일상이 됐다.

인터넷과 미디어가 지금처럼 계속 진화한다면 인류는 앞으로도 정보의 바다에서 헤매는 신세를 면치 못할 듯하다. 매일 수많은 정보에 시선을 빼 앗기다 보면 '나도 질 수 없지'라며 발신 대열에 합

류하기도 하고, 정보를 주고받느라 밤을 꼴딱 새우기도 하고, 커뮤니티 활동에 필요 이상으로 열을 내기도 하는 등 자신도 모르는 사이에 정보에 휘둘리는 신세가 된다. '당신'은 당신 스스로 지켜야 한다. 그러려면 확고한 판단 기준이 있어야 한다.

나는 항상 '나다움'을 유지하기 위해 '이것만은!'이라는 판단 기준을 세워두고 있다. 망설이거나 신경 쓰이는 일이 있을 때는 반드시 판단 기준 앞으로 돌아가 '나'로서 어떻게 행동해야 할지를 생각하고 결정 내린다.

나의 판단 기준은 다음 세 가지다.

- 근본적 시점
- 다면적 시점
- 장기적 시점

'근본적 시점'이란 사물의 본질을 생각할 때 '나라면 어떻게 해야 하는가?'를 말한다. 예를 들어 내가 취하려고 하는 행동이나 해결책이 인간으로서 또는 사회 구성원으로서 올바른가, 나의 가치관에 반하지는 않는가 등을 따져보는 시점이다. 근본적 시점은 이념 사고라고도 할 수 있다.

'다면적 시점'에서는 사물의 한 면만 보지 않고 여러 측면에서 봤을 때 '내가 해야 하는 일'인가를 묻는다. 원뿔은 위에서 보면 원이지만 옆에서 보면 삼각형이다. 마찬가지로 모든 사물은 보는 각도에 따라 보이는 모습이 달라질 수 있다. 즉 어느 각도에서는 '내가 해야 할 일'로 보이지만 다른 각도에서는 그렇지 않은 것처럼 보인다면, '하지 않는다'라고 판단한다. 다면적 사고는 균형 사고라 할 수 있다.

'장기적 시점'이란 이름 그대로 긴 안목에서 봤을 때 '내가 지금 해야 할 일'인가를 말한다. 눈앞의 작은 이익에 급급해 장래의 더 큰 이익이나 기회를 내다보지 못하고 기회를 놓쳐버릴 때가 있다. 이런 일이 발생하지 않도록 늘 장기적 시점을 의식해야 한다. 장기적 사고는 미래 설계 사고라고도 할 수 있다.

　나는 매사를 이 세 가지 시점으로 바라보는 까닭에 넘치는 정보에 흔들리거나 휘둘리는 일이 없다. 눈앞의 이익이나 혜택, 일시적인 재미에 판단이 치우치지 않기 때문이다. 판단 기준으로 다시 돌아가 생각한다고 해봤자 시점마다 1분 남짓이면 끝난다. '근본적 시점을 의식했는가?', '다면적 시점을 의식했는가?', '장기적 시점을 의식했는가?' 이 세 가지를 자신에게 물으며 돌아보면 그만이다.

자기 나름의 판단 기준을 세우고
흔들림 없는 판단 축을 가지고 있으면
우유부단함이 사라지고 망설이는 시간도 짧아진다.
인생의 질은 판단의 질에 좌우된다.

　나다움을 잃지 않기 위해서, 중요한 판단에서 실수하지 않기 위해서라도 이 세 가지 시점을 의식하자.

헤드라인으로
트렌드와 센스를 훈련한다

인터넷 사회라고는 하지만, 유능한 사업가나 직장인들을 만나보면 여전히 종이 신문을 읽는다는 이들이 있다. 이번에는 신문을 보다 효율적이고 효과적으로 읽는 방법에 대해 이야기하려고 한다.

신문 읽는 법은 단 하나,
쓱 훑어보는 것이다.

먼저 헤드라인만 눈으로 대충 읽으며 흥미를 끌만한 기사를 체크한다. 기사 하나하나를 꼼꼼히 읽는 일은 귀찮을뿐더러 시간도 오래 걸린다. 가뜩이나 할 일 많고 바쁜 아침, 시간이 걸리는 일은 피하는 게 상책이다. 신문은 중요한 기삿거리를 헤드라인으로 뽑기 때문에 그것만 읽어도 무슨 내용인지 대충 알 수 있다.

헤드라인도 처음 10면만 보면 그만이다. 그 정도면 세간의 동향을 파악하기에 충분하다. 모든 뉴스의 세부사항까지 알아둘 필요는 없다. 개략적인 정보를 얻는다는 생각으로 읽으면 부담이 사라지고 적극적으로 받아들이려는 마음이 생기게 되므로 훨씬 효과적이다.

의외로 간과하기 쉬운데 신문에는 기사만 있는 게 아니다. 다른 유용한 정보가 많다. 광고 코너, 특히 책과 잡지 광고에는 세간의 화두가 가득하다. 책이나 잡지는 실시간 사회 트렌드의 압축판과도 같아서 어떤 테마를 다뤘는지 정도만 체크해도 현재 유행하는 것과 앞으로 유행할 콘텐츠를 알 수 있다. 베스트셀러 등은 유행의 도화선이 되기도 하므로 제목과 차례, 내용을 훑어보면 좋다. 이익을 극대화하는 비즈니스 힌트가 숨어 있을 때도 많다. 기사가 다루는 방식과는 또 다르게 트렌드를 익힐 수 있고 센스를 기를 수 있는 까닭에 추천한다.

신문 말고 TV에서 소식과 정보를 얻는 사람도 적지 않다. 아침 식사 시간에 특히 그렇다. 그러나 TV 화면을 보고 있으면 시간이 휙 지나가 버리기 때문에 화면은 보지 말고 음성만 듣는 걸 추천한다. 다른 일을 하면서 소리만 듣는 식이다. 바쁜 아침 시간에 굳이 영상까지 확인하며 시간을 허비할 필요는 없다.

'뉴스 = 반드시 알아야 한다 = 중요하다'가 아니라 나에게 필요한 정보만 효율적으로 흡수하는 습관을 들이자.

지겹던 출근길을
가능성 발견의 시간으로!

시간을 잘 활용하는 사람들을 보면 특히 출퇴근 시간을 자신의 가능성을 키우는 시간으로 만든다.

그들은 출퇴근 시간을 알차게 활용해
하루를 넘어 미래를 바꾼다.

오롯이 출퇴근 시간에만 공부해 자격증을 땄다는 사람도 있고, 영어 회화를 마스터해 원하던 직장에 취직했다는 사람도 있다. 만약 당신이 비즈니스 스킬을 높이고 싶다면, 오디오 강연을 듣기를 권한다.

　나는 예전에 회사까지 20분 정도 거리를 차로 출퇴근한 적이 있다. 이때 운전하면서 여러 강사의 강연을 지속적으로 들었다. 당시 지방에 거주하며 몹시 바빴던 나에게 이 20분은 유일한 공부 시간이었다. 이때 얻은 배움과 깨달음은 지금까지도 나에게 큰 영향을 주고 있다.

　굳이 오디오 강연을 들으라고 권하는 이유는, 거기에는 책과는 다른 형태의 배움이 있고 강사에게 직접 가르침을 받을 수 있기 때문이다. 그러나 딱 한 번 듣는다고 해서 내 것이 되진 않는다. 몇 번이고 들어야 머릿속에 새겨져 비로소 행동으로 이어진다.

　바쁜 하루하루를 보내는 터에 강연을 들으러 다니는 건 부담이 되고, 또 시간도 허락되지 않는다. 하지만 오디오 자료를 구해 반복해서 들으면 시간과 비용이 절약될뿐더러 다른 업무와 병행할 수 있기 때문에 따로 수고할 필요도 없다.

굳이 짬을 내서 정보나 지식을 얻으려 하기보다는 아침 출근길 오디오 강연을 들으며 지식을 쌓고, 또 그 안에서 자신의 가능성을 발견하는 시간을 가져보자.

광고 문구도
배움과 영감의 기회다

전철 안은 배움의 보고다. 이처럼 다양한 배움을 얻을 수 있고, 번뜩이는 영감을 주는 곳이 또 있을까 싶을 정도다. 그중 하나가 벽에 붙은 포스터 광고다.

우습게 생각하는 사람도 많겠지만, 전철 안의 이러저러한 광고는 큰돈을 들여 제작한 최종 결과물이다. 광고주인 기업이 최대의 효과를 올리기 위해 광고 문구와 디자인에 심혈을 기울이기 때문이다.

포스터 광고는 프로 중의 프로가

공들여 만든 작품이다.

사람의 마음을 움직이는 단어 사용법, 활용법, 표현법을 공부할 수 있는 최고의 교재다.

예전에 광고 포스터 문구에서 힌트를 얻어 강연 타이틀을 바꾼 적이 있는데 신청자가 이전보다 훨씬 늘었다. 그 후로는 포스터 광고에서 대중의 기억에 남는 문구를 작성하는 데 도움이 되는 표현과 기법을 배워 프레젠테이션 자료나 신상품 네이밍에 참고하기도 하고, 이벤트 타이틀을 지을 때 활용하기도 한다. 매일 전철 안에서 광고 문구 작성 세미나가 열리는 셈이다. 프로에게 글쓰기를 배우는 귀중한 기회라고 생각하고 적극적으로 활용해보길 바란다.

단, 그저 바라보기만 해서는 머리에 남지 않는다. 우선 한 회사의 광고를 1분 정도 응시한다. 그런 다음 광고에 쓰인 문구를 자사 상품이나 서비스, 콘텐츠에 맞춰 바꿔본다. 이렇게 하면 사고 훈련이 될 뿐만 아니라 때로는 신상품 광고 문구가 떠오르기도 한다. 시점을 바꿈으로써 광고가 트렌드 정보가 되어 아이디어를 촉발하기 때문이다. 얼핏 비즈니스와 동떨어져 보이는 잡지 광고에서도 종종 큰 힌트를 얻기도 한다.

'어딘가에 사용할 수 있지 않을까?'라는 눈으로 바라보기만 한다면, 우리 주위에서도 배움과 영감의 기회를 넘치게 찾아낼 수 있다.

기분 좋은 행동 5분이면
뇌가 깨어난다!

앨리스 아이센(Alice Isen) 코넬대 심리학 교수는 학생들을 두 그룹으로 나눠 한 가지 실험을 했다. A 그룹에게는 5분 동안 코미디 프로그램을 시청하게 하고, B 그룹에게는 문제해결 능력과 관련된 영상을 시청하게 했다. 이후 모두에게 10분 동안 창의력이 필요한 문제를 풀게 했다. 과연 어느 그룹이 문제를 더 잘 풀었을까?

실험 결과, 코미디 프로그램을 시청한 A 그룹이 B 그룹보다 세 배 높은 정답률을 보였다. 코미니 프로그램을 보면서 즐겁게 웃고, 그를 통해 좋은 기분, 긍정적인 감정 상태에서 문제를 풀 때 창의력이 발휘되고 아이디어가 구현된다는 것이다.

아이센 교수는 내과의사들을 대상으로 후속연구를 진행했다. 결과는 마찬가지였다. 이 후속연구에서 발견된 한 가지 흥미로운 점은 좋은 기분을 느끼게 하는 사소한 행동이 문제해결 능력뿐만 아니라 직업만족도까지 상승시켰다는 점이다.

이처럼 단 5분, 좋은 기분을 갖게 하는 작은 행동만으로도 아이디어가 떠오르고, 문제해결 능력이 향상되며, 자신이 하는 일에 대한 만족도를 높일 수 있다.

매일 아침 5분만 활용해 좋아하는 음악을 듣거나, 맛있는 음식을 먹거나, 식물을 가꾸는 등 기분을 좋아지게 하는 행동을 해보자. 사소한 행동이 만들어내는 긍정의 기운으로 뇌가 깨어나고, 활력이 넘치는 하루를 보내게 될 것이다.

제3장

**꾸준히 잘되는
사람의
특별한
아침 루틴**

좋은 기운을 끌어들이는
아침 인사

회사에 도착하면 만나는 모든 사람에게 활기차게 인사하자. 인사는 사회인이 갖춰야 할 기본 자질이며 기분 좋은 인사는 상대의 마음을 가볍게 한다.

아침 인사는 인간관계를 쌓고
상대의 기운을 북돋는 훌륭한 수단이다.
사용하지 않으면 손해다.

또 평소 대화할 일이 없는 사람과 자연스럽게 접점을 만들 절호의 기회가 된다. 아침 인사로 관계를 쌓아두면 향후 프로젝트나 사내 활동에서 함께 일하게 됐을 때 도움이 되고 격려를 받을 수 있다. 때에 따라서는 열심히 인사하는 적극적인 모습이 상사의 눈에 들어 중요한 프로젝트의 멤버로 발탁될 수도 있다.

예전에 한 경영자에게 이런 말을 들은 적이 있다. 신규 프로젝트 멤버를 뽑을 때 조용하고 우수한 신입사원과 활기차고 평범한 신입사원이 있다면 망설임 없이 활기찬 사원을 뽑는다는 것이다.

활기차게 인사하는 사람을 나쁘게 평가할 사람은 없다. 더욱이 누구에게나 밝게 인사하는 신입사원을 만나면 선배 입장에서는 '열심인걸? 보기 좋네' 하는 마음이 든다. 아침 인사 덕분에 팀워크가 좋아지는 것이다.

이 밖에도 인사에는 기대 이상의 효과가 있다. 인사는 물론 상대에게 하는 것이지만, 그 인사를 누구보다 가까이에서 듣는 사람은 다름 아닌 자기 자신이다.

상대를 기운차게 하는 말은 당연히 나에게도 힘이 된다. 즉 인사를 하면 내 뇌도 기분이 좋아진다. 뇌가 기분 좋아지면 플러스 파동이 일어난다. 뇌가 플러스 파동으로 가득 차면 또 다른 플러스 파동이 일어나 결과적으로 좋은 기운을 끌어들인다. 기분 좋은 아침 인사로 사람도, 운도 내 편으로 만들어보면 어떨까?

'하지 않을 일'을 정하는
혼자만의 전략 회의

비즈니스에서 전략은 필수적이다. 전략이 있기에 결과가 있다고 해도 과언이 아니다. 개인의 인생도 마찬가지다. 이상적인 삶을 살기 원한다면 아침마다 하루 전략을 세워보자.

'오늘 하루를 어떻게 보낼 것인가.'

이상적인 자신의 모습을 그려보며 행동 전략을 짠다.

해야 할 일뿐 아니라 하지 않을 일을 정하는 것

도 전략의 중요한 요소다. 해야 할 일을 정한다는 것은 뒤집어 말하면 하지 않을 일, 할 수 없는 일을 정한다는 의미이기도 하다. '경영 전략의 아버지'로 불리는 마이클 포터(Michael Porter)는 "전략이란 무엇을 하지 않을지 정하는 일이다"라고 말했다. 또 컴퓨터회사인 델(DELL)은 '다른 회사처럼 조립 공정을 아웃소싱하지 않겠다'라는 전략으로 성공을 거뒀다.

'다른 사람이 하니까 나도 한다'라거나 '다른 사람이 하니까 나도 해야 한다'라고 생각하는 사람들이 있는데, 다른 사람이 하는 일을 당신도 '해야 한다'는 법은 없다. 유능한 사람은 조직에 속해 있든 혼자 일하든 무리하면서까지 남에게 맞추려 애쓰지 않는다. 그저 묵묵히 자기 일을 처리하며 결과를 낼 따름이다.

남들과 차별화하기 위해서는
'나는 무엇을 하지 않을까'라는 전략이 필요하다.

전략을 짠다고 하면 에너지를 쏟아붓는 일만 생각하기 쉬운데 하지 않을 일을 정하는 게 더 중요하다. 나는 하지 않을 일을 정하는 시간을 '아침 나홀로 전략 회의'라고 부른다.

먼저 할 일 목록을 만든 다음 그중에서 오늘 하지 않을 일, 손대지 않을 일도 정한다. 내가 하지 않아도 되는 일, 누군가 다른 사람에게 부탁할 수 있는 일을 선별해 'x' 표시를 한다. 그리고 할 일 목록의 남은 항목에 처리해야 할 순서대로 숫자를 써넣는다.

말이 쉽지, 하지 않을 일을 정하는 작업은 의외로 어렵다. 하지만 사람의 능력은 유한하고 시간도 제한돼 있다. 하지 않을 일을 정하는 작업이야말로 시간을 유효하게 활용하는 가장 중요한 비결이 아닐까 싶다. 시간을 유효하게 활용한다는 점에서 'TV를 보지 않는다', '술자리에 가지 않는다' 등도 훌륭한 전략이다.

'무엇을 하지 않을지'가 명확해지면 '무엇을 해

야 할지'가 저절로 보인다. 나 홀로 전략 회의는 자신과 마주 앉아 객관적으로 나를 바라보는 시간이다. 매일 꾸준히 하면 최고의 인생 전략이 보이리라 믿는다.

생산성을 높이는
이메일 체크 방법

이메일에 답장하느라 오전이 다 가버린다고 하소연하는 사람들이 있다. 원활한 업무를 돕는 도구여야 할 이메일이 오히려 업무를 방해하는 것이다. 실제로 이메일 답장을 몰아서 하려다 보면 상당히 많은 시간이 걸린다. 먼지도 쌓이면 산이 된다고 하지 않는가.

  일 잘하는 사람은 이메일을 수시로 처리한다. 회사 컴퓨터뿐 아니라 스마트폰 등에서도 이메일을 확인하고 즉시 대응한다. 당연히 상대방의 회신도 빠르게 받을 수 있다.

잠깐씩 틈을 내 이메일을 정리해두면
답장하는 데 쓰는 시간을 다른 업무로 돌릴 수 있어
업무 생산성이 높아진다.

나도 직업상 매일 많은 이메일과 문자 메시지를 받는다. 그래서 매일 아침 침대에서 이메일을 대충 체크한다. 답장을 하기보다는 어떤 이메일이 왔는지 파악하는 게 목적이다. 누가 어떤 내용의 이메일을 보냈는지, 급한 이메일은 없는지, 그날 일정에 영향을 줄 만한 이메일은 없는지 등 말하자면 이메일을 보며 머릿속에서 하루 업무를 분류하는 작업이다.

이렇게 미리 분류해두면 긴급 사태가 발생해도 재빨리 대응할 수 있고, 내용에 따라서는 하루 일정이 크게 바뀌기도 한다. 실제로 보자마자 벌떡 일어나 출근한 적도 있다. 이처럼 아침 이메일 체크는 위기관리 방편이 되기도 한다.

또 일정 확인 등 간단한 문장 몇 줄로 끝낼 수 있

는 답장이라면 출근 전 자투리 시간이나 이동하는 전철 안에서 처리한다. 회사에 도착할 즈음에는 회사에서만 대응할 수 있는 메일이나 중요한 이메일 빼고는 거의 대응이 끝나게 된다. 따라서 이메일을 쓰느라 시간을 빼앗기는 일 없이 바로 업무를 시작할 수 있다.

이른 아침의 이메일 체크는 이 밖에도 여러 장점이 있다. 가장 큰 장점은 상대에게 좋은 인상을 심어준다는 것이다. 이메일 회신 속도가 빠르면 상대는 당신을 일 처리가 빠르고 믿을 만한 사람이라고 생각한다. 비즈니스에서 신뢰는 생명이다. 이 생명과도 같은 신뢰를 이른 아침에 보내는 이메일 한 통으로 얻을 수 있는 것이다.

또 하나는 기회를 잡을 확률이 몇 배 높아진다는 것이다. 함께 일을 해야 한다면 당연히 반응이 느린 상대보다는 빠른 상대가 낫다. 조건이 비슷할 경우 반응이 빠른 쪽이 수주에 성공할 확률이 훨씬 높다.

일전에 아는 여성분이 정보 교환을 겸한 식사 자리에 초대해줘서 서로 친구 세 명씩을 데리고 만나기로 했다. 즉시 이메일로 친구 세 명에게 연락했는데 두 명은 그날 중으로 답장이 왔다. 그런데 한 명은 깜깜무소식이었다. 재촉해도 답장이 없기에 다른 친구에게 연락했고, 그렇게 연락이 닿은 세 명과 모임에 가기로 했다. 그런데 당일 아침이 되어서야 나머지 한 명에게서 함께하겠다는 답장이 온 게 아닌가. 아쉽게도 이미 정원이 찬 상태라 거절할 수밖에 없었다. 식사 모임은 매우 즐거웠고 다양한 비즈니스 팁을 얻는 유익한 자리였다. 함께하지 못한 친구는 반응이 늦은 탓에 좋은 기회를 놓치고 말았다.

비즈니스에서든 개인적으로든, 피드백이 빠르면 더 많은 기회를 잡을 수 있다. 스피드는 최고의 무기다. 이메일 체크와 분류만 꾸준히 해도 이 무기는 당신 것이 된다.

하루의 목표는
세 가지만!

하고 싶은 일 또는 해야 할 일이 산더미 같아도 시간은 유한하기에 하루에 소화할 수 있는 양에는 한계가 있다. 이 한정된 시간 동안 해야 할 일을 착착 마무리하는 나만의 비법이 있다.

그날 달성해야 할 목표
세 가지를 정한다.

거창한 목표보다는 달성 가능한 수준의 목표를 세우는 것이 중요하다. 예컨대 다음과 같이 열심히 하면 하루 안에 끝낼 수 있는 정도가 적당하다.

- 밀린 서류를 오늘 중으로 정리한다.
- 며칠 후 방문하는 고객사에 건넬 자료를 정리한다.
- 프레젠테이션 원고를 마무리한다.

세 가지는 너무 적지 않냐고 생각할지도 모른다. 그러나 목표만 잔뜩 세워놓고 달성하지 못하거나, 겨우겨우 끝내기는 했지만 에너지가 분산된 탓에 결과물의 완성도가 떨어지는 것보다는 백배 낫다. 목표 달성이 목적인 만큼 많은 일 중 엄선해서 세 가지만 고르자.

목표를 정했으면 종이나 노트에 기록하고 마음속으로 '오늘 이 세 가지를 꼭 마칠 거야'라고 다짐하자. 사람은 신기하게도 마음속으로 다짐만 해도 힘과 용기가 샘솟는다. 그러면 목표 달성을 위해 해야 할 일들의 윤곽이 대충 잡히고 일의 순서가 보이기 시작한다. 목표를 달성하는 데 필요한 정보가 저절로 눈에 들어오는 것이다.

한 점포의 인재육성 매뉴얼을 작성할 때의 일이다. 잡지가 필요해 서점에 들렀는데 인재육성 관련 책들이 자꾸 눈에 들어와 그때마다 잠시 멈춰 체크하느라 정작 가야 하는 코너 쪽으로는 가지도 못했다. 때마침 그날 아침 인재육성 매뉴얼과 관련된 목표를 다짐했기 때문에 무의식중에 뇌가 정보를 수집한 것이리라. 결국 눈에 띈 책 가운데 무척 마음에 드는 책이 있어 구입했는데, 그 책에 실린 서식을 사용해 그날 목표로 한 매뉴얼 작성을 마칠 수 있었다.

이처럼 목표를 세우고 다짐하면 필요한 정보가 눈과 귀에 계속 들어온다. 결과적으로 이 정보에 기초해 행동하기만 하면 되는 상황이 자연스럽게 만들어진다. 다시 말해, 목표를 선언한 순간 이미 반은 달성한 것이나 마찬가지라고 할 수 있다. 나머지는 착실히 결과물을 만들어가면 된다.

세 가지 목표를 정하는 건 빠르면 빠를수록 좋다. 목표 달성을 위해 오늘 하루를 어떻게 보낼지 시간 계획을 세워야 하기 때문이다. 모든 시간 계획은 예상 마무리 시간보다 약간씩 앞당겨 세우는 것이 좋다. 언제 돌발 상황이 벌어져 시간에 쫓기게 될지 모르기 때문이다. 계획을 너무 빠듯하게 세우면 예상치 못한 난제에 부딪혔을 때 당황하기 쉽다.

아침마다 세 가지 목표를 세우고 그 목표를 꼭 달성하도록 하자.

옷차림은
나를 대변하는 도구다

비즈니스 세계에서 복장은 매우 중요한 도구다. 예전에 친구가 개인적으로 주최하는 파티에 초대받은 적이 있다. 친구가 여는 개인적인 파티인지라 청바지에 셔츠 차림으로 갔는데, 세상에나! 친구가 깜짝 놀랄 만큼 대단한 손님을 초대한 것이 아닌가.

더구나 그 손님은 내 비즈니스와 관련이 있는 같은 업계 사람이었다. 기다렸다는 듯이 친구가 그를 나에게 소개해줬는데, 그는 말끔한 양복 차림이었고 나는 청바지에 셔츠를 걸친 편안한 차림이었다.

명함을 교환하며 '아, 망했다' 하는 후회가 밀려왔지만 때는 이미 늦었다. 상대방도 말로 표현하지는 않았지만 내 편안한 차림에 의아해하는 기색이 역력했다. 결국 그 사람과는 겉도는 이야기만 몇 마디 나누다가 끝나고 말았다. 만약 내가 말끔한 정장 차림이었다면 첫인상이 좋았을 테고, 그러면 서로 비즈니스 관련 정보를 교환하고 인맥을 공유하는 등의 시간을 보냈을 텐데 말이다. 이때의 경험을 교훈 삼아 나는 언제, 어디서, 어떻게 나타날지 모르는 기회를 놓치지 않고자 특별한 일이 없는 한 정장이나 재킷 차림으로 외출한다.

　　누군가와의 만남에서는 어쩔 수 없이 겉모습이나 차림새로 첫인상이 만들어진다. 잘 모르는 사람과 만나는 자리일수록 더더욱 그렇다. 상대에 대한 정보가 그 외에는 별로 없으니 당연하지 않은가. 분위기를 잘 읽는 사람인지, 상식적인 사람인지, 성실한지, 센스가 있는지 등 복장을 보면 그 사람에 대한 여러 가지 정보가 보이기도 한다.

'내 옷이니 나 좋을 대로 입으면 되지'라고 생각할지도 모른다. 옷이 자신을 어필하는 도구임에는 분명하니 사실 이 말도 일리가 있다. 그러나 옷차림은 만나는 사람에 대한 예의이며, 어떻게 판단하느냐는 상대방의 자유다.

복장은 상대에 대한 예의인 동시에 비즈니스 성과에 직결되는 중요한 전략 중 하나다. 뛰어난 능력과 비즈니스 콘텐츠가 있으면서도 협상 테이블에 앉지조차 못하는 일이 실제로 벌어질 수 있다. 복장에서 당신에 대한 여러 가지가 보이기 때문이다.

복장은 당신 자신의 평가를 결정하는 중요한 요소다. 업무 성과만이 아니라 인생이 크게 변하는 계기가 될 수도 있다.

그날 방문할 곳과 만날 사람의 성격, 업무 속성을 고려해 어떤 옷을 입을지 결정해야 한다. 약속이 두 개 이상일 때는 중요한 안건에 무게를 두고 결정하면 된다. 비즈니스에서 복장은 당신의 대변인이다. 기회를 확실히 잡기 위해서라도 옷차림에 신경 써야 함을 명심하자.

최고의 결과는
최적의 환경에서 나온다

업무 능력이 뛰어난 사람은 책상이 늘 말끔하다. 반면 일이 굼뜨고 결과물도 좋지 않은 사람의 책상은 대개 잡동사니가 널려 있고 지저분해서 빈말이라도 깨끗하다는 말이 안 나온다. 지저분한 책상은 업무의 질을 떨어뜨릴 뿐 아니라 주위 사람에게도 불쾌감을 준다.

원활한 업무 진행을 위해 매일 아침 반드시 책상을 정리하자. 매일 1분이면 된다. 출근하자마자 가장 처음 책상을 정리하는 것을 습관으로 만들어 보자. 이런 자세가 뛰어난 성과의 밑거름이 된다.

최근 몇 년 동안 청소와 정리법 관련 서적이 많이 출간되면서 세계적으로 정리 붐이 일고 있다. 비즈니스에서도 정리정돈의 효과가 다시금 주목받고 있다. 정리정돈이 안 돼 있으면 겨우 업무에 집중하는가 싶다가도 필요한 물건을 찾느라 헤매기 일쑤다. 게다가 뒤죽박죽인 모습에 짜증이 치밀기도 하므로 불필요한 수고와 감정에 시간을 빼앗기게 된다.

책상 정리는 업무를 수행할
최적의 환경을 만드는 일이다.

나는 지금까지 여러 헤어숍과 음식점을 운영하면서 청결함과 매출은 떼려야 뗄 수 없는 관계라는 사실을 경험으로 알게 됐다. 그래서 지금도 기회가 있을 때마다 헤어숍 직원들에게 청소의 중요성을 강조한다.

깨끗한 곳에서는 좋은 일을 끌어당기는 플러스

파동이, 반대로 지저분한 곳에서는 나쁜 일을 끌어당기는 마이너스 파동이 나온다. 매일 출근하면 가장 먼저 책상을 깨끗이 정리하는 습관을 들이자.

스케줄표로
일정을 가시화한다

대부분 사람이 정해진 일정을 빠짐없이 소화해 성과를 올리려고 하는 데 비해, 업무 능력이 뛰어난 사람은 일정이 없는 빈 시간을 효율적으로 사용해 성과를 낸다.

　나는 일과를 시작하기 전, 내가 오늘 자유롭게 사용할 수 있는 시간이 얼마나 되는지 미리 파악해 행동 계획을 세운다. 그 덕에 자투리 시간을 꽤 잘 활용하고 있다. 일정이 없는 시간을 파악하는 데에는 '스케줄표' 작성이 효과적이다.

스케줄표를 만들어
오늘의 일정을 가시화한다.

먼저 그날 해야 할 일을 항목별로 쭉 적는다. 그런 다음 거래처와의 약속, 이동하는 데 걸리는 시간, 준비 시간 등 이미 정해진 일정을 뽑아 스케줄표에 써넣는다. 그러고 나서 잊으면 안 되는 잡무나 전화, 아침에 정한 세 가지 목표를 적는다.

여기까지 다 적었으면, 오늘 안에 반드시 마무리해야 하는 중요한 일을 뽑아 스케줄표에 채워 넣는다. 이어 나머지 할 일을 시급성과 중요성을 고려해 우선순위를 정한 뒤 순위가 높은 순으로 스케줄표에 써넣는다.

급히 처리하지 않으면 문제가 커질 듯한 안건은 업무 시작과 동시에 집중할 수 있게끔 아침 이른 시간대에, 차분히 대화를 나눠야 하는 중요한 업무 통화가 있다면 상대방 이야기에 집중할 수 있는 시간대에 배치한다. 제대로 대응하기 위해 준비 시간이 필요하다면 그것까지 계산에 넣어 시간 계획을 세운다.

시급하거나 바로 처리해야 할 안건이 없을 때는 시급하지 않지만 중요한 안건, 그다지 중요하지 않지만 언젠가 끝내야 하는 안건을 처리하는 데 시간을 안배한다. 해야 할 일을 뽑아 우선순위를 정한 뒤 처리하면, 업무가 매끄럽게 진행되고 생산성도 향상된다. 또 스케줄표를 확인하면 자신이 오늘 무엇을 해야 하고 무슨 생각을 해야 하는지 머릿속이 정리된다.

스케줄표를 작성하면서 불필요한 일정과 업무를 뺄 수도 있다. 하루 일정을 구체적으로 그려보는 데 반드시 필요한 작업이라고 확신한다.

우선순위를 정하는 방법은 다음과 같다.

- 시급성을 본다.
- 중요도를 본다.
- 발생하는 이익·성과의 크기를 본다.

- 함께 일하는 상대의 수준(일 처리가 빠른가, 느린가)

  을 본다.
- 장래성을 본다.

'할 일 목록'은
눈앞에 두고 시작하라

일 잘하는 사람은 그날 해야 할 일을 명확히 정한 뒤 업무에 착수한다. 그에 비해 대부분 사람은 '이거랑 저거랑 저거 하고…' 하는 식으로 막연히 생각만 한다. 그러다 보면 제대로 하는 일 없이 하루가 지나버리기 쉽다. 이렇게 되지 않는 방법이 있다.

사소한 업무를 비롯해
오늘 해야 하는 일을 모두 적어
잘 보이는 곳에 붙여놓는다.

세 가지 목표(반드시 끝내야 하는 일), 오늘 할 일 등을 하나하나 적어 목록('할 일 목록')으로 정리한 뒤 책상 앞 메모판 등 눈에 잘 띄는 곳에 붙여놓자. 컴퓨터나 핸드폰 바탕화면에 띄워두는 것도 좋다.

'할 일 목록'은 다이아몬드의 원석과도 같다. 목록에 적힌 일들을 실천하다 보면 여러 가지 새로운 비즈니스가 생겨나기도 하고 참신한 상품 아이디어가 떠오르기도 하는 등 많은 도움이 된다.

예전에 있었던 일이다. 그날 아침에 정한 세 가지 목표 중 하나가 '전철 이동 시간을 유효하게 사용하자'였다. 그런데 전철에 올라타자마자 책 기획이 떠오르더니 급기야 이동하는 한 시간 동안 기획서까지 끝내버렸다. 이 기획을 토대로 출간한 책은 지금까지도 꽤 좋은 반응을 얻고 있다.

할 일 목록에는 그날의 세 가지 목표, 앞서 이야기한 '기상 메모'에서 힌트를 얻은 비즈니스 관련 내용, 아이디어 수준의 기획, 잡다한 오늘의 업무 등을 적는다. 아이디어가 아무리 참신하고 좋다고 하더라도 잊어버리면 아무 의미가 없다. 이런 불상사가 생기지 않도록 잘 보이는 메모판에 붙여두는 습관이 필요하다.

목표 달성 확률이 세 배 높아지는
'가상 시나리오'

페터 골비처(Peter Gollwitzer) 뉴욕대 심리학과 교수
에 따르면 이루고자 하는 목표에 대한 구체적인 '조
건 계획'을 설정하면 목표 달성률이 세 배 높아진다
고 한다. 조건 계획이란 다시 말해 목표와 관련된
구체적인 '가상 시나리오'를 만들라는 것이다.

골비처 교수는 한 실험에서 A와 B, 두 그룹의 학
생들에게 크리스마스에 수행할 과제를 내주었다.
그리고 A 그룹의 학생들에게만 그 과제를 언제, 어
디에서, 어떻게 수행할 것인지 즉 구체적인 가상
시나리오를 작성하게 했다. 그 결과 A 그룹 학생은

62퍼센트가 과제를 성공적으로 수행한 반면, B 그룹은 단 22퍼센트에 그쳤다. 가상 시나리오를 쓴 학생들의 목표달성률이 세 배 높은 결과로 나타난 것이다.

위 실험에서 알 수 있듯이 우리가 이루고자 하는 목표가 있다면 목표를 세우는 데 그치지 말고, 목표를 이루기 위한 구체적인 가상 시나리오를 설정하는 게 좋다. 예를 들어 '아침에 일찍 일어나겠다'라는 목표가 있다면, '아침에 눈을 뜨자마자 물을 한 잔 마신 뒤 양치를 하고, 5분 동안 스트레칭을 해야겠다'와 같은 식으로 구체적인 행동 계획을 그리면 '아침에 일찍 일어나겠다'는 목표를 달성할 확률이 세 배 높아진다.

늘 다짐만 하고 흐지부지되는 목표가 있다면, 이제 가상 시나리오를 활용해 목표 달성률을 높여보자. 한 단계, 한 단계 목표를 향해 발전해가는 스스로를 발견하게 될 것이다.

제4장

최소한의
노력으로
최고의 결과를
만든다

부정적인 감정을 리셋하는
굿&뉴 게임

우리 회사에서는 조회 시간에 '굿&뉴(Good & New)' 라는 게임을 한다. 미국 영재교육의 권위자인 피터 클라인(Peter Kline) 박사가 추천한 게임인데, 학교 폭력이 난무하던 미국의 한 학교가 이 게임을 도입한 후 교내 폭력이 줄고 문제 학생이 마을의 미화 활동에 참가할 만큼 변화했다는 보고도 있다. 팀워크를 높이는 데 굉장히 효과적이라서 몇 년 전부터 계속해오고 있다.

게임 방법은 간단하다. 직원 전체(인원수가 많으면 몇 명씩 나눠서)가 둥글게 서서 쿠시볼(koosh ball)이라는 부드럽고 푹신푹신한 공을 순서대로 돌린다. 공을 받은 사람은 오른손에서 왼손으로, 왼손에서 오른손으로 공을 움직이면서 24시간 안에 있었던 '좋은 일(굿)'이나 '새로운 일(뉴)'을 발표한 뒤 다음 사람에게 공을 넘긴다. 모두에게 순서가 돌아갈 때까지 이 과정을 반복한다.

이 게임을 하면 몸을 움직이는 동안 뇌가 긍정 모드로 바뀌어 부정적인 생각이 사라진다. 또한 발표를 하려면 지난 24시간 안에 있었던 '좋은 일'이나 '새로운 일'을 떠올려야 하기 때문에 혹시 24시간 안에 나쁜 일이 있었다고 하더라도 그 나쁜 일이 '좋은 일' 프레임으로 전환돼 밝은 기분으로 하루를 시작할 수 있다.

실제 성과를 낸 사례도 있다. 중요한 회의가 있는 날, 출근 도중 충격적인 사건에 휘말려 의기소침해 있던 한 직원은 이 게임을 한 뒤 기분이 회복돼 오후 프레젠테이션에서 프로젝트 리더로 뽑혔다. 굿&뉴 게임을 실시 중인 다른 회사의 소식도 있다. 직원 중 하나가 전날 친구와 싸운 뒤 기분이 언짢은 상태로 출근했다. 그런데 조회 시간에 이 게임을 하고 기분이 풀려 그날 중요한 협상에서 큰 계약을 성사시켰다고 한다.

굿&뉴 게임은 자신의 좋은 일을 이야기하고 동시에 회사 동료의 좋은 이야기를 들을 수 있다는 점이 매력적이다. 즐거운 대화를 나누면 뇌에서 행복 호르몬인 엔도르핀이 분비돼 행복감을 느끼게 되고 편안하고 아늑해진다. 서로 좋은 영향을 주고받으면 팀워크가 좋아져 좋은 성과를 낼 수 있다. 나아가 팀원 간에 커뮤니케이션이 활발하게 이루어지기 때문에 서로 관계가 돈독해진다. 성과를 올리는 데 팀원들 간의 원만한 관계는 필수다.

커뮤니케이션에서는 함께 지낸 시간의 양보다 접촉한 횟수가 훨씬 중요하다.

미국의 심리학자 로버트 B. 자이언스(Robert B.

Zajonc)가 1965년에 발표한 '자이언스의 법칙'이라는 유명한 인간 심리 법칙이 있다. 한 번에 오랫동안 이루어지는 커뮤니케이션보다 짧은 시간이라도 여러 번 접촉하는 편이 상대에 대한 호감도가 커진다는 내용인데, 이를 증명하는 실험 결과도 나와 있다. 그런 점에서 굿&뉴 게임은 개인의 기량을 향상시키고, 팀 전체 역량을 높이는 좋은 방법이다.

의사결정에 필요한 시간은
단 1분!

인생은 결정의 연속이다. 지금 당신이 이 책을 읽고 있는 것도 '이 책을 읽자'라고 결정했기 때문이다.

무의식중에 하는 것까지 포함하면 사람은 하루 동안 100번이 넘는 결정을 내린다고 한다. 아침에 눈을 뜬다, 침대에서 나온다, 이를 닦는다 등이 모두 당신이 결정했기 때문에 한 행동이다. 매일 이렇게나 많은 결정을 하며 살아가고 있으니 결정 하나에 걸리는 시간은 찰나에 가깝다고 할 수 있다. 그러니 1분도 채 걸리지 않는 결정이 얼마나 많겠는가.

'사흘 밤낮을 생각한다'라는 말도 있지만, 실제로는 사흘 밤낮을 생각하든 열 달 열흘을 고민하든 결정은 한순간이다. 즉, 망설이는 시간과 결정하는 시간은 별개라는 말이다.

나는 결정이 빠르다는 말을 자주 듣는다. 이것저것 망설이는 시간을 극도로 줄인 덕분이다. 동시에 여러 사업을 하다 보니 한 가지 안건에 너무 많은 시간을 빼앗길 수 없었다. 망설이는 시간이 길어지면 부하 직원이나 담당 스태프가 기다리는 시간도 길어지기 때문이다. '신속하게 결론을 내려면 어떻게 해야 할까?' 하고 고심한 끝에 고민·망설임과 결단은 별개라는 사실을 깨닫고, 쓸데없이 망설이기보다 결론 내는 일에 주력하고자 애썼다. 그러자 차츰차츰 결정이 수월해졌다.

지금은 주위에 불편을 끼치는 등의 심각한 안건이 아닌 이상 1분만 진지하게 생각한 뒤 결정을 내린다. 한마디로, '1분만 신중히 생각하고 끝'이다.

이때 생각하는 내용은 '어떻게 하지?'가 아니라

앞으로 내릴 결정으로 발생하리라 예상되는 일들과 그 대처법이다. 생길지 모르는 위험, 눈앞의 사실과 현상에 기반해 이 결정이 올바른지를 검증해 최종적으로 결단한다.

결정이 빠를수록
자유로운 시간이 늘어난다.

결정이 빠르면 그만큼 일 착수가 빨라지고, 당연히 결과도 신속히 나온다. 그러면 남은 시간을 다음 결정을 위한 시간으로 사용할 수 있기 때문에 다음 결과도 빨리 나오고, 또 그다음 결정도 빨라지고 결과도 빨라진다. 이 과정이 되풀이된다. 즉 같은 하루를 살아도 어떤 사람은 한 가지 결과밖에 내지 못하는 반면, 어떤 사람은 여러 결과를 얻는다. 신속한 결정은 생산성에도 큰 영향을 끼친다는 사실을 꼭 기억하자.

'내가 아니어도 되는 일'은
과감히 넘긴다

일을 하다 보면 혼자 감당이 안 될 만큼 업무량이 많아 낑낑댈 때가 있다. 이때 나만 열심히 하면 된다고 생각하기 쉽지만, 아쉽게도 절대 그렇지 않다. 유능한 사람은 타인의 능력을 적절히 활용해 업무를 분배한다. 이런 능력이 없으면 큰 성과를 낼 수 없다. 혼자 할 수 있는 업무량에는 한계가 있기 때문이다.

자신의 능력, 상황, 환경을 파악해
결과를 내기 위한 최선의 방법을 모색한다.

'내 업무인데 다른 사람한테 맡기라고? 더구나 부하 직원한테? 그럴 수 없지. 혼자 할 수 있어'라고 생각할지도 모른다. 그러나 업무에서 중요한 것은 결과다. 지금 무엇이 최선인지 생각해 행동으로 옮겨야 한다. 이 자세가 더 좋은 결과로 이어진다고 확신한다.

물론 남에게 일을 맡기기란 결코 쉽지 않다. 나름의 냉정함과 각오 그리고 순서가 필요하다. 먼저 앞서 작성한 스케줄표를 가져와 업무 중요도에 따라 우선순위를 매겨 숫자로 적는다. 중요한 일이 위에 오도록 다시 작성해도 된다. 이어서 그 업무를 누구에게 맡길지 정한다. 내가 해야 하는 안건인지, 부하 직원에게 넘길 안건인지 업무 내용과 난이도를 보고 적재적소에 배분한다.

여기서 중요한 점은 내가 아니어도 되는 일에서는 용기를 내 손을 떼고 부하 직원이나 다른 사람에게 적극적으로 넘겨야 한다는 것이다. 이런 과감함이 없으면 정말 나 아니면 안 되는 중요한 업무를 할 수 없게 된다. 그렇다고 넘기기만 하고 나 몰라라 해서는 안 된다. 최고의 결과를 원한다면 업무를 맡긴 뒤에도 꾸준히 의욕을 북돋고 진행 상황을 점검해야 한다.

단, 업무를 의뢰할 때만 갑자기 커뮤니케이션을 시도하면 아무도 나서서 움직여주지 않는다. 평소 자신도 다른 사람의 업무에 협력하고 지원하는 태도가 필요하다. 작은 배려가 쌓여야 정말 도움이 필요한 순간에 모두가 발 벗고 나서준다는 사실을 꼭 기억하기 바란다.

'내가 아니어도 되는 업무'를 판단하는 방법은 다음과 같다.

- 업무 속도가 좀 더디긴 하나 마감 안에 일을 처리할 만한 부하 직원이 있다.
- 해야 할 업무의 우선순위를 정했을 때 아래쪽에 위치한 업무다.
- 업무를 맡기면 일정 수준의 질이 보장되는 부하

직원이 있다.

· 20퍼센트 정도 지원해주면 일을 완수할 만한 부하 직원이 있다.

· 모든 일에 나서서 협력해주는 인간성 좋은 부하 직원이 있다.

· 성장시켜야 하는 부하 직원이 있다.

· 서류 밑작업 등 부하 직원의 힘을 빌리는 게 더 효율적인 업무다.

업무에도
예고편이 필요하다

요즘 조회를 하는 회사가 늘고 있다. 조회는 부서
나 팀의 그날 하루 활동 및 방침을 정하는 중요한
자리다. 업무 능력이 뛰어난 사람은 조회 때 부하
직원에게 그날 또는 한 주의 업무 일정을 간략히
'예고'한다.

"오늘은 이런 업무가 있으니까 나중에 도와줬으
면 좋겠어."
"다음 달에 새로운 업무가 시작될 거야. 담당자는
자네가 될 것 같으니까 마음의 준비를 해둬."

이렇게 예고를 하면 부하 직원으로서도 '다음에 이런 업무를 하겠구나'라고 준비를 할 시간이 생기므로 지시가 내려옴과 동시에 행동할 수 있다.

말하자면 예고는 순조로운 업무 진행을 위한 밑작업인 셈이다. 예고하지 않은 상태에서 갑자기 일을 맡기면 부하 직원 입장에서도 각오와 준비가 안 된 상태라 곤혹스럽고 업무 진행 역시 더딜 수 있다.

최고의 실력은
환경과 마음이 갖춰졌을 때 발휘된다.

당신과 부하 직원 모두가 더 나은 성과를 내기 위해서라도 예고하는 습관을 들이자. '조회 자리에서 예고한다'를 규칙으로 정해두면 서로 부담을 느끼지 않고 단기간에 일을 진행할 수 있다.

단, 한 가지 주의할 점이 있다. "이번에 이런 일이 들어왔는데 때가 되면 모두에게 분담할게요"

라는 식으로 전체 직원들에게 설명만 하고 끝내면 안 된다는 것이다. 예고는 업무를 담당할 각 개인에게 직접 해야 한다. 물론 전체를 상대로 말하는 것도 중요하지만 반드시 개인에게 해야 한다.

또 회사 차원에서 착수하는 프로젝트라면 직원 모두에게 발표하기 전에 실제로 업무를 담당할 직원에게 미리 알려준다. 예고의 예고인 셈이다. 그러면 사전에 예고를 받은 직원은 전체 발표 때부터 '내 일'이라는 마음으로 이야기를 듣고 참여하게 된다. 어려운 안건, 규모가 큰 안건이라면 실제 착수하기 두세 달 전에 예고해 현재 진행 중인 업무를 인수인계하는 등 준비할 시간을 준다.

담당자에게 마음의 준비를 할 여유를 줌과 동시에 새로운 업무에 대해 생각할 시간을 주기 위해 미리미리 예고를 하자. 이 시간을 갖느냐 갖지 않느냐에 따라 그 후 프로젝트의 성과나 협력 체제에 큰 차이가 생기므로 이르면 이를수록 좋다.

그리고 예고에는 또 한 가지 큰 효과가 있다. 예

고를 하면 부하 직원이 당신을 신뢰하게 된다는 것이다. 갑자기 업무를 툭 던지고 가는 상사에게 '저 지금 바쁜 거 안 보이십니까?'라고 외치고 싶었던 적이 있을 것이다.

미리 이야기해주면 '내 사정을 배려해주는구나', '나를 존중해주는구나'라고 느낄망정 나쁘게 받아들일 사람은 없다. 이런 소소한 마음 씀씀이가 부하 직원의 성과에 큰 영향을 미친다.

잠재의식에
성공 체험을 각인시켜라

꾸준히 성과를 내는 사람은 출퇴근 전철에서 보내는 시간도 허투루 쓰지 않는다.

전철 안은 생각을 정리하는
최적의 장소이기 때문이다.

예전에 만난 업계 제일의 세일즈맨에게 들은 얘기다. 그는 전철에서 운 좋게 편히 앉아서 가는 날에는 예행연습 삼아 그날 하루 일정을 머릿속에 떠올린다고 한다. 시간 낭비 없이 하루를 효율적으로 보내는 준비 작업을 하는 것이다. 예를 들어 회의가 있는 날에는 회의 진행을, 거래처와의 협상이나 프레젠테이션이 있는 날에는 그 과정을 처음부터 끝까지 꼼꼼히 머릿속으로 그린다. 모호하거나 궁금한 부분이 있으면 자료를 찾아 확인하고 만약 자료가 없으면 회사에서 체크할 수 있도록 메모해둔다. 이렇게 하면 제대로 이해하지 못하거나 확인하지 못한 곳 없이 완벽한 상태로 일정에 임하게 되므로 회의나 협상에서 실수하지 않는다고 한다. 그 덕에 성과가 향상되었음은 물론이다.

하루 일정을 예습하면, 실수를 방지할 수 있다는 것 말고도 여러 가지 좋은 점이 있다. 전체를 조감할 수 있기 때문에 일정을 어떤 식으로 활용해야 더 좋은 결과가 나올지 이리저리 시뮬레이션해볼 수 있다.

예컨대 회의라면 사회자 인사를 시작으로 순서가 진행되는 가운데 자신의 차례가 된다. 앞에 나가 차분하고 조리 있게 발표하는 모습을 상상한다.

이 모습이 회의 자리와 어울린다면 실제 회의에서도 그렇게 하면 된다. 만약 별로라면 몇 가지 버전을 생각해 상상 속에서 시도해본 뒤 그중에서 가장 효과적이라고 생각되는 연출 방법을 고른다.

방향이 정해졌으면 이제 최고의 결과를 내는 자신을 상상한다. 이 과정을 여러 번 반복하다 보면 실제 상황에 대비한 모의 체험을 여러 차례 하는 셈이라 괜한 불안이나 두려움을 느끼지 않게 되고, 실제 회의에서 중요한 이야기를 잊어버리거나 실수하는 일도 크게 줄어든다.

상상 속 모습일지라도

잠재의식은 상상 속 모습이 진짜 내 모습이라 인식하고 하나의 성공 체험으로 기억한다.
그래서 나중에도 이 기억을 바탕으로 움직이게 된다.

또 자꾸 상상하다 보면 발표도 점점 능숙해지고, 회의 등의 진행 흐름도 좋아져 전체적인 분위기가 매끄럽게 흘러간다. 당연히 효율과 효과도 높아진다.

회의가 막힘없이 순조롭게 진행되고 결과도 유익하면 회의 참가자의 만족도도 올라간다. 또 회의 분위기가 좋으면 직원 간 의사소통이 활발해지고 목표도 공유할 수 있다. 실제로 지속적으로 성장하는 기업의 회의는 참가자 개개인의 의욕과 열의가 대단하다. 이런 결과를 거두려면 회의 예행연습을 할 때 세세한 부분까지 빠짐없이 상상해두는 것이 좋다.

칭찬의 효과는
아침에 극대화된다

스물네 살의 나이로 창업했을 때 나는 경영이란 무엇이고, 경영자 또는 리더란 어떤 존재여야 하며, 인재육성은 어떻게 하는 것인지 무엇 하나 제대로 알지 못했다. 물론 내가 속한 이미용 업계에 대해서는 알고 있었지만 그 외 나머지는 현장에서 몸으로 부딪치고 실패를 거듭하며 배웠다. 아마 당시 부하 직원들은 그런 내 모습을 바라보며 살얼음판을 걷는 기분이 아니었을까 싶다.

4년 후 스물여덟 살이 됐을 때 두 번째 매장을 오픈했고 직원 수도 열다섯 명이 넘었다. 그러나 경영자로서의 자질은 누가 봐도 여전히 부족하고 미숙했다.

경영자로서 도약한 시기는 훨씬 뒤다. 연달아 발생한 악재가 결정적인 계기가 됐다. 실적이 곤두박질치고 직원이 배신하는 등 '또야?'라고 생각될 만큼 회사가 휘청거리는 돌발 사태가 잇따라 발생한 것이다.

'도대체 왜 이 지경이 됐을까.'

문제는 바로 내 사고방식이었다. 당시 나는 직원들 생각도 나름대로 하고 있었지만, 사실 내 성공이 제일 중요했다. 그러다 보니 자기중심적인 생각에 갇혀 이런저런 지시를 내리고 행동했던 것이다. 소중한 시간을 회사에 제공하고 있는 직원들 입장에서 보면 어이없는 일이지만, 나는 전혀 눈치채지 못했다. 그 결과 직원들의 사기가 떨어진 정도가 아니라 직원에게 배신을 당하는 신세로까지 전락한 것이다.

경영자가 아니더라도 리더나 관리직으로 부하

직원을 다루어야 하는 위치에 있다면 자신만 생각해서는 안 된다. 부하 직원, 조직 전체로 눈을 돌려 직원들이 업무에 집중할 수 있는 환경을 조성하고 직장에서 일하는 의미를 찾게 해줘야 한다.

사람에게는 네 가지 욕구가 있다고 한다.

· 사랑받고 싶다는 욕구
· 칭찬받고 싶다는 욕구
· 인정받고 싶다는 욕구
· 필요한 존재가 되고 싶다는 욕구

이 가운데 첫 번째인 '칭찬받고 싶다는 욕구'는 특히 강도가 세기 때문에 작은 일에도 아낌없이 칭찬해주면 좋다. 목소리가 크고 에너지가 넘치는 직원에게는 "인사가 시원시원하네. ○○ 씨 덕분에 회사 분위기가 늘 밝아", 책상이 항상 잘 정돈되어 있는 직원에게는 "○○ 씨 책상은 어쩜 이렇게 깨끗해? 보기만 해도 기분이 좋아져"라고 말을 건

네는 등 가벼운 칭찬도 좋다.

상대의 좋은 점을 발견해 그 자리에서 즉시 한마디 말로 칭찬해주자. 칭찬받고 기분 나쁘다고 할 사람은 없다. 그것도 아침에 듣는 칭찬이라면 온종일 콧노래가 흘러나오게 한다.

칭찬은 결과적으로 조직의 역량을 끌어올리는 추동력이 된다. 효과는 무엇을 기대하든 그 이상이다. 기회가 될 때마다 맘껏 칭찬하자.

강력한 동기부여 법칙,
밸리데이션 서클

조직에서 가장 중요한 능력은 기술이 아니다. 기술이 뛰어나 채용했지만 인간성이 처참해 해고하는 경우를 자주 봤다. 남들보다 기량은 뛰어나지만 그 사원 탓에 나머지 팀원의 의욕이 꺾이거나 사기가 떨어진다면 팀 전체 역량에 큰 걸림돌이 되기 때문이다. 조직은 개개인의 능력보다 전체적인 팀 역량이 진짜 실력이다. 즉 멤버 한 사람 한 사람의 사기가 올라가야 팀 실력도 올라간다.

부하 직원을 칭찬하는 방법이 효과적이기는 하지만 칭찬할 거리를 좀처럼 찾기 힘들 때는 앞서 소개한 네 가지 욕구 중 나머지 세 가지, 즉 '사랑받고 싶다는 욕구', '인정받고 싶다는 욕구', '필요한 존재가 되고 싶다는 욕구'를 의식하며 대화를 시도해보자.

업무와 관계없는 이야기도 상관없다. 되도록 부하 직원이 좋아하는 분야를 화젯거리로 삼아야 분위기 좋게 대화를 이어갈 수 있다. 부하 직원이 이야기할 때는 맞장구를 치거나 질문을 던지는 식으로 계속 관심을 표한다.

앞서 소개한 네 가지 욕구를 한꺼번에 해결하는 방법이 있다. 밸리데이션 서클(Validation Circle)이라는 방법인데 자신의 존재를 증명하는 활동이다.

먼저 발언자가 한 사람을 지목해 다음과 같이 말한다.

"○○ 씨랑 같은 팀이라서 정말 좋아요."

그러면 이 말을 들은 주위 사람도 '○○ 씨가 있으면 분위기가 밝아지니까 같은 팀이라서 좋다'라고 생각하게 된다.

이 활동은 칭찬받고 싶다는 욕구, 인정받고 싶다는 욕구, 필요한 사람이 되고 싶다는 욕구, 사랑받고 싶다는 욕구를 모두 충족시킨다. 이 활동을 하면 직원 각자가 자신이 회사에 존재하는 의미를 발견하고 '나는 회사에 필요한 사람'이라고 실감하게 돼 업무 의욕이 상승한다. 직원들의 기분이 좋아지면 팀의 업무 효율도 좋아지고, 그 결과 회사 분위기도 좋아지고 실적도 향상된다.

밸리데이션 서클의 긍정적 효과가 모두에게 퍼지게 하려면 'A가 B에게, B가 C에게, C가 D에게'와 같은 방식으로 이어간다. 순서는 상관없다. 회의 마지막 순서에 하면 팀 분위기가 좋아져 성과가 향상되고 매일 계속하면 서로를 깊이 알게 돼 관계가 좋아진다.

사람은 신뢰할 수 있는 리더 아래서
좋은 성과를 내는 법이다.

하루 중 동기부여가 가장 잘되는 아침 시간에 커뮤니케이션 활동에 집중해보자. 팀원들 간의 신뢰가 점점 깊어지리라고 확신한다.

기대를 버려야
짜증도 사라진다

사람은 입장에 따라 생각이 다르다. 직장 옆자리 동료와 늘 의견이 같을 수 없고 같이 사는 가족과도 의견이 완벽히 일치하기 힘들다. 다른 게 당연하고, 오히려 같다면 신기한 일이다. 하루를 기분 좋게 보내는 사람들의 비결은 다른 사람에게 과도한 기대를 하지 않는다는 것이다.

자신과 생각이 다른 사람이 있어도
비판하거나 화내는 대신
자라온 환경이 다르니 어쩔 수 없다고 해석한다.

반대로 자신의 의견이 주위와 다를 때도 다르다는 사실을 부정하거나 부끄러워하지 않고 그 사람은 그 사람, 나는 나라고 생각한다.

'다름'을 받아들이면 인간관계가 매우 편해진다. 어딜 가나 내 생각과 다르거나 맞지 않는 사람은 반드시 있다. 짧지 않은 인생을 살다 보면 맞지 않는 사람과 같은 팀에서 일해야 할 때도 있다. 이럴 때는 의견이 다른 상대를 미워하지도 비난하지도 말고, 입장과 환경이 다르니 생각이 다른 게 당연하다고 넓은 마음으로 받아들이자.

나도 예전에 나와 생각이 전혀 다른 사람과 일해야 했던 적이 있다. 그와 만나기만 하면 짜증이 나고 그 사람의 말 한마디 한마디가 귀에 거슬려 함께 있으면 화가 치밀곤 했다. 시간이 갈수록 다른 일에까지 영향을 주기도 했다.

'이대로는 안 되겠어.'

위기감을 느낀 나는 사고방식을 180도 바꾸기로 마음먹었다.

'그는 지금까지 수십 년 동안 나와는 전혀 다른 삶을 살아왔다. 나와 완전히 다른 생명체다. 받아들이기 힘든 게 당연하다.'

이렇게 생각하며 마음을 내려놓았다. 이렇게 마음먹고 나니 짜증이 사라지면서 "그 생각 정말 재미있네요"라든가 "의외로 이런 부분은 생각이 같네요"라는 말을 건네게 됐고, 그 사람의 좋은 점도 조금씩 보이기 시작했다.

물론 처음부터 상대의 모습 그대로를 받아들이기는 어렵다. 처음에는 스트레스를 받을지도 모른다. 그러나 짜증을 내며 늘 티격태격하는 것과 의견은 다를지언정 두 사람이 힘을 합쳐 목표를 향해 나아가는 것, 둘 중 어느 쪽이 더 바람직하겠는가. 당연히 후자다.

사람은 상대방이 내가 원하는 대로 말하고 행동해주지 않으면 조바심을 내는 습성이 있다. 남들이 내 생각대로 움직일 거라고 멋대로 기대하고, 그렇지 않은 반응이 나오면 짜증부터 낸다.

그나마 거래처 또는 고객을 상대할 때는 대부분 감정을 적절히 조절한다. 하지만 부하 직원을 상대로는 화를 조절하지 못하고 버럭 소리를 지르는 상사도 있다. 경험, 기량, 연령, 자라온 환경이 모두 다르니 사고방식이 다른 게 당연한데도 말이다. 이런 행동은 당사자에게도 부하 직원에게도 전혀 바람직하지 않다. 명상으로 마음을 정돈할 필요가 있다.

　큰 기대를 하지 않으면 배신당한 기분을 맛볼 일도 짜증을 낼 일도 없다. 더 나은 성과를 내고 싶은가? 그렇다면 상대가 나와 다른 생각을 할 수도 있음을 인정하자. 좋은 결과를 원한다면 잊지 말아야 할 마음가짐이다.

바라는 대로 이루어지는 심리학,
로젠탈 효과

칭찬을 하면 듣는 사람의 기분은 당연히 좋아진다.
그런데 과연 칭찬만으로 상대를 변화시킬 수 있을
까?

'로젠탈 효과'는 하버드대 로버트 로젠탈(Robert
Rosenthal) 교수가 제시한 이론으로 타인의 기대나
관심만으로도 실제 결과가 좋아지는 현상을 말한
다. 로젠탈 교수는 샌프란시스코의 한 초등학교 학
생을 대상으로 지능 검사를 실시했다. 검사 후 20
퍼센트의 학생들을 무작위로 선별해 교사에게 명
단을 전달하며, "지적 능력과 학업성취 향상 가능

성이 높은 학생들"이라고 전했다.

8개월 뒤 동일한 학생들을 대상으로 지능 검사를 다시 실시했다. 그 결과 명단에 속한 학생들의 점수가 두드러지게 높아짐을 확인했다. 무작위로 선별한 학생이었으나, '우수한 학생'이라고 생각한 교사의 기대와 관심이 실제 학생들의 점수를 높인 것이다.

이처럼 상대에 대한 기대와 관심, 긍정적인 피드백은 상대를 변화시키고, 좋은 방향으로 이끈다는 것을 이 실험을 통해 알 수 있다. 직장에서, 인간관계에서 함께하는 사람에 대한 칭찬이 중요한 이유다. 거창한 칭찬이 아니어도 좋다. "OO 씨를 보면 기분이 좋아져"와 같이 가벼운 칭찬만으로도 상대를 움직이는 힘이 된다.

부하 직원의 업무 능력을 높이고 싶다면, 누군가를 좋은 방향으로 변화시키고 싶다면 칭찬하라. 당신의 칭찬과 기대만으로 상대가 달라지는 것을 경험하게 될 것이다.

제5장

하면 할수록
자존감이
높아진다

우울한 기분에서
1분 만에 벗어나는 법

살다 보면 예상치 못한 일들이 발생하곤 한다. 때로는 우울할 때도 있다. 하지만 우울의 늪에서 허우적대봤자 상황이 좋아질 리 없다. 실컷 울기도 하며 부정적인 감정을 토해냈다면 이제 다시 예전의 긍정 모드로 돌아갈 시간이다. 다소 완전하지 않아도 괜찮다. 말이 쉽지, 스위치를 켰다 껐다 하듯 기분 전환이 그렇게 쉽냐고 따질지도 모른다. 하지만 인생에 닥친 위기는 지나고 보면 기회로 향하는 문인 경우가 많다.

예전에 한 사업가가 갑자기 회사 간부 한 명이

그만두는 바람에 그 간부가 하던 일을 대신 맡아 처리하게 됐을 때의 이야기를 들려줬다. 그때 느낀 생생한 현장감과 문제의식 덕분에 마케팅을 배우게 됐고, 그 결과 회사 전체의 매출이 큰 폭으로 올랐다는 것이다. 당신에게 일어난 일이 반드시 나쁜 일들뿐이라고 단정할 순 없다는 얘기다.

안 좋은 상황에 처해 기분이 우울할 때는 우울감의 가장 큰 원인인 '갑작스러운 이 상황'의 좋은 부분을 찾아보자.

'더 큰 사고가 나기 전에 지금이라도 발견해서 다행이야.'

'인생 최악의 사건이었던 그때보다는 상처가 덜해서 다행이야.'

'상대 회사도 우리 회사도 모두 손해가 안 나서 다행이야.'

'결혼식 날 이런 일이 벌어지지 않아 다행이야.'

이처럼 지극히 작은 일이라도 괜찮다. 제한 시간은 1분. '이건 안 돼'라고 마음대로 결론짓지 말고 생각나는 대로 계속 떠올려보자.

실제로 해보면 알겠지만 꽤 어려운 작업이다. 대상이 되는 사건과 정면으로 마주하지 않으면, 또 당신의 눈과 감정을 덮고 있는 '부정적 이미지'를 제거해 이 사건의 본질을 제대로 파악하지 않으면 좀처럼 첫 번째가 떠오르지 않을 것이다. 여간해서 떠오르지 않으면 조바심이 나서 머릿속이 초고속으로 회전하기 시작한다. 아주 좋은 징조다. 집중하고 있다는 증거이기 때문이다. 이것저것 쓸데없는 생각이 사라져 긍정적인 부분도 금세 찾게 되리라고 확신한다.

같은 사건이라도 시점을 바꾸면
여러 관점에서 바라보게 된다.
부정적인 것투성이처럼 보여도
찾아보면 긍정적인 부분이 있기 마련이다.

신기하게도 좋은 점이 있다고 생각하면 사람은 마음이 편해진다. 이 방법은 스트레스나 불안을 잠재우는 데에도 효과적이다. 꼭 시도해보기 바란다.

강렬한 만남이
새로운 가능성을 만든다

나는 직업상 매일 많은 사람을 만난다. 인연의 끈이 닿아 만난 사람들이니만큼 당연히 모두가 근사하고 멋있지만, 개중에는 유독 강렬한 느낌으로 다가오는 사람이 있다. 마치 전기가 통하는 듯한 이런 느낌을 연애에서는 매우 중요하게 여기는데, 인생이나 비즈니스에서도 마찬가지다. 강렬한 느낌은 어느 순간에나 중요하다는 게 내 생각이다. 수많은 날 가운데 '지금, 이 순간' 만났다는 사실에 각별한 의미가 있기 때문에 강렬한 것이리라.

다만, 비즈니스상의 만남일 때는 첫눈에 강렬함

을 느끼기보다는 이야기를 듣는 도중 문득 느껴지는 경우가 대부분이다. 이것이 내가 많은 사람과 만나 이야기를 나누려고 애쓰는 까닭이기도 하다. 강렬한 느낌이 들 때는 상대의 이야기를 들으면서 머릿속으로는 상대방 비즈니스 콘텐츠와 내 비즈니스 콘텐츠를 조합해 뭔가 새로운 비즈니스를 만들 수 있지 않을까 이리저리 생각해본다. 어디까지나 가능성을 찾는 과정이기 때문에 맘껏 자유롭게 상상하되, 이익이 날 만한 비즈니스 형태를 떠올린다. 서로의 업종이 달라도 발상에 따라서는 참신한 비즈니스가 태어나기도 하므로 상대가 어떤 일을 하고 있든 이 작업을 빠뜨리지 않는다. 때로는 다음 날 아침 침대에서 빠져나오기 전에 생각하기도 한다.

이 이야기를 강연 때 했더니, "지금 비즈니스에 만족하고 있기 때문에 새로운 비즈니스는 필요 없어요"라고 말씀하시는 분이 적지 않았다. '그런 건 앞으로 창업할 사람들한테나 필요한 거 아닌가요?'라는 의미였다. 지극히 당연한 의견처럼 들리기도 한다. 그러나 이런 생각들은 어디까지나 '지금'이라는 틀에 갇힌 이야기다.

비즈니스는 살아 움직이는 생명체다. 상황은 늘 변한다. 모든 비즈니스는 도입기, 성장기, 성숙기, 쇠퇴기라는 네 단계를 반드시 거치게 돼 있다. 비즈니스 콘텐츠가 아무리 좋아도 세상이 움직이는 한 늦든 이르든 어김없이 쇠퇴기가 찾아온다. 쇠퇴기에 접어들면 성장기나 성숙기 때처럼 지속적으로 이익을 내기가 어려워 결국 사업은 내리막길을 걷게 된다. 이렇게 되지 않도록 늘 새로운 비즈니스를 구축하고 미지의 분야에 도전하는 자세가 필요하다.

'지금'이 아무리 좋아도
'다음' 순간 어떻게 될지 모른다.
따라서 늘 새로운 비즈니스에 대해 생각하고
가능성을 열어두어야 한다.

누군가의 이야기를 들으며 동시에 다른 생각을 하기가 힘든 사람은 상대방 이야기가 끝난 뒤 적어도 1분 동안은 아무와도 이야기하지 말고 방금 들은 이야기를 다시 한번 떠올리는 시간을 갖는 게 좋다.

강렬한 느낌은 당신이 상대에게서 가능성을 직감했거나 비즈니스 콘셉트에 흥미가 생겼다는 증거다. '분명 뭔가 있을 거야'라는 자신의 느낌을 믿고 생각을 시작하면 아마 찾기 쉬울 것이다.

때로는 한 번도 대면한 적이 없는데 강렬한 느낌을 받기도 한다. TV 등 미디어를 통해 어떤 사람의 생각을 알게 되거나 인터넷에서 콘텐츠를 발견했을 때다. 그럴 때는 망설이지 말고 그 사람을 만나러 가자.

협업 아이디어가 생각났다면 상대에게 알리기 전에 그 아이디어가 상대방에게도 보탬이 되는지 반드시 확인하는 것이 좋다. 윈-윈 관계가 아니라면 비즈니스는 성립되지 않기 때문이다. 상대의 이익까지 고려한 뒤에 아이디어를 프레젠테이션하면 이번에는 분명 상대가 당신에게 강렬한 느낌을 받을 것이다.

성공률을 높이는
세 가지 선택지

사람은 동시에 여러 제안을 받으면 무심코 그중 하나를 고르려는 습성이 있다. 즉 무언가를 제안할 때 상대가 기분 좋게 선택할 수 있는 선택지를 여러 개 준비하면, 그중 한 가지가 선택될 가능성이 꽤 크다는 말이다.

　업무 능력이 뛰어난 사람은 자신이 기대하는 방향으로 일이 흘러가도록 자신의 의도나 희망을 반영한 세 가지 선택지를 준비해 협상에 임한다. 한 가지만 제안하면 선택지가 '좋다' 또는 '나쁘다'로 제한되기 때문에 상대가 선택할 가능성이 2분의 1

로 줄어들고 만다. 반대로, 선택지가 너무 많으면 상대가 망설이느라 결론이 안 날 가능성이 있다. 중요한 것은 이쪽에도 보탬이 되는 쪽으로 협상을 끌고 가는 것이다. 즉, 안건이 채택되는 상황을 만들어야 한다.

이런 점을 고려할 때 제안은 세 가지가 적당하다. 단 서로에게 보탬이 되고, 양쪽 모두의 이익이 증가하는 아이디어여야 한다.

아이디어는 다음 순서대로 생각한다.

1. 자신이 양보할 수 없는 부분 한 가지를 생각한다.
2. 상대가 양보하지 않으리라 예상되는 부분 한 가지를 생각한다.
3. 1과 2를 고려한 뒤 상대에게 이익인 아이디어를 만든다.

각각의 아이디어에 간결하고 알기 쉬운 설명을 덧붙이면 상대방도 더 수월하게 검토 단계로 넘어

갈 것이다.

비즈니스 관련 상담이나 프레젠테이션은 전철 안에서 시뮬레이션해보면 좋다.

협상이 순조롭게 진행되기 위해서는
상대의 마음에 드는 플랜을 생각해야 한다.

상대가 양보하지 않을 것으로 예상되는 부분이 어디인지 대화로 읽어내서 그 부분을 확실히 반영한 플랜을 제안하자. 자신의 의견이 충분히 존중받고 있다는 느낌을 받으면 상대도 거절할 이유가 없다. 나아가 상대방에게 보탬이 되고 수익성도 높은 아이디어라면 만족도가 더 올라갈 것이다. 각기 다른 세 개의 선택지를 제시함으로써 상대는 당신에게 기대감을 갖게 될 테고 그러면 협상 성공률도 매우 높아진다. 양쪽 모두가 행복해지는 협상은 좋은 결과로 이어지기 마련이다.

중요한 약속일수록
아침에 잡는다

신뢰 관계를 결정하는 것은 커뮤니케이션의 '양'과 '질'이다. 이메일 열 통보다 면담 한 번이 질은 확실히 높다. 상대의 복장과 몸짓 등 비언어 정보를 얻을 수 있을뿐더러 얼굴을 보고 이야기하는 것만으로도 안심이 되고 악수만 해도 신뢰감이 높아진다. 정치가가 선거 전에 많은 사람과 악수하는 것도 이 때문이리라.

그러나 딱 한 번의 만남으로 단단한 신뢰 관계가 형성될 리는 없다. 여러 차례 만나 이야기하는 등 양을 늘려야 신뢰도 점점 깊어진다. 다만 상대가 바쁘면 좀처럼 시간 내기가 힘들어 만나기가 쉽지 않을 수도 있고, 물리적 거리와 시간 등의 문제로 자주 만나 대화를 나누기가 어려운 경우도 있다. 이럴 때는 과감히 아침 이른 시간에 약속을 잡아보라.

아침은 하루를 시작하는 시간이다. 저녁 늦은 시간이 되면 하루의 피로가 몰려오고 급한 일이나 업무 상황에 따라 약속이 취소되기도 한다. 하지만 아침에는 부득이한 사정이 없는 한 상대도 나도 완전한 상태에서 얼굴을 마주할 수 있다. 또 아침 일찍 만나는 자리인 만큼 더욱 의미 있는 시간으로 만들려고 하는 게 사람 심리다. 게다가 아침은 아이디어가 샘솟는 시간이기도 하다.

아침에 약속을 잡으면
커뮤니케이션의 '양'을 '질'로 보충할 수 있다.

내가 아는 한 편집자는 지방에 사는 작가와 메

166

신저로 소통하며 여러 권의 책을 만들었다. 상대방 작가의 아침 이동 시간을 이용해 메시지를 주고받는다고 한다. 메신저는 대화하듯 말을 주고받으며 바로바로 이야기할 수 있어 오프라인 미팅에 준할 정도의 성과를 가져다주기도 한다.

우리 회사에서도 이른 아침 시간을 활용해 부하 직원을 지도하는 얼리 미팅을 시작했더니 직원들의 실적이 급격히 향상됐다. 평소에 차분히 대화할 기회를 잡기 어려운 상대나 중요한 이야기를 하고 싶은 상대와는 아침, 그것도 조금 이른 아침에 약속을 잡아 질 높은 미팅을 해보길 추천한다.

때로는 '일정 없음'이라는
일정도 필요하다

개인적으로 중요한 사람이나 앞으로 관계를 발전시키고 싶은 사람과 만날 때는 그 시간 이후의 일정을 잡지 않는 것이 좋다. 물론 오전 중이나 점심을 겸한 약속은 별개지만 오후 3시 이후 약속일 때는 그 후 일정을 비워두어야 커다란 기회를 잡을 확률이 높다.

얼마 전의 일이다. 친구 소개로 동경하던 저명인사가 주최하는 파티에 참가했다. 파티 자체도 무척 즐거웠지만, 놀랍게도 파티 후 열리는 주최자의 지극히 개인적인 뒤풀이 자리에 친구와 함께 초대

받았다. 진심으로 기뻤지만, 아쉽게도 그 뒤 다른 약속이 잡혀 있어서 나만 참석하지 못하고 돌아와야 했다.

차마 떨어지지 않는 발걸음을 억지로 옮기며 파티장을 빠져나왔는데 며칠 후 친구의 그날 이야기를 듣고 더 큰 아쉬움을 느꼈다. 그날 뒤풀이 분위기가 정말 좋아서였는지 그곳에 있었던 사람들끼리 의기투합해 새로운 비즈니스를 추진하기로 했다는 것이다. 물론 친구도 그중 한 명이었다. "축하해"라고 말했지만, 한편으론 질투를 느꼈다.

그날 이후 중요한 사람이나 새로이 관계를 구축하고 싶은 사람과 만날 때는 그 뒤 전개를 고려해 일정을 비워두도록 수첩에 '×'라고 표시해둔다. '일정을 잡지 않는다'라는 일정이 잡혀 있는 셈이다. 태도를 이렇게 바꾼 뒤 적지 않은 기회를 잡았다. 최근에는 세미나 뒤풀이에 모였던 멤버들끼리 협업을 기획해 다양한 비즈니스를 전개 중이다.

비즈니스는 사람과의 만남에서 시작돼
각자가 지닌 비즈니스 스킬과 마인드를 한데 녹여
형태를 만들어나가는 것이다.

    사소한 만남이나 불과 1분 남짓한 짧은 대화만으로 이후 전개가 크게 바뀌기도 한다. 사실 이 책도 담당 편집자와 가진 이런 식의 만남이 계기가 돼 태어났다.

    이처럼 시간은 자신이 의식한 그 순간부터 각양각색의 기회를 물고 온다. 중요한 사람과 만날 때는 그 후 일정을 비워 다음 비즈니스가 탄생하는 시간이 되게 하자.

건강한 관계가
내 존재를 빛나게 한다

당신에게 성공이란 무엇인가. 꾸준히 성과를 내는 사람은 업무적으로 좋은 성과가 나왔을 때 '모두의 덕분'이라고 생각하고, 실제로도 그렇게 말한다. 세상에 혼자 할 수 있는 일은 없다는 걸 알기 때문이다. 영업·협상·계약은 자신이 했을지 모른다. 그러나 그 뒤에는 상품을 만드는 사람, 서류를 꼼꼼히 검토하는 사람, 발송하는 사람이 있다. 이런 뒷받침이 있기에 비로소 일이 이뤄지는 것이다.

또 아무리 훌륭한 콘텐츠와 서비스를 만들어도 그것을 사용해주는 사람이 없다면 무의미하다. 나아가 지지해주는 가족과 상품을 구입해주는 고객, 같이 일하는 직원, 꾸짖어주는 상사 등 여러 사람에 둘러싸여 있을 때 마침내 나라는 인간도 존재하며 성공의 무대도 열린다.

성공은 혼자 힘으로 이룰 수 없다.
많은 사람의 도움이 있기에 비로소 가능하다.

주변 사람들에게 감사할 줄 모르는 사람 곁에는 결국 아무도 남지 않는다. 물질적으로 풍족할 때는 돈으로라도 관계를 묶어둘 수 있겠지만, 이것도 한계가 있다. 결국은 서로 생각이 맞아야 관계도 깊어지는 법이다. 주위 사람에 대한 고마움을 잊지 말고 자신의 이상을 추구하며 날마다 힘차게 나아가자.

긍정의 순환 고리에
올라타는 법

지금까지 많은 성공한 인물을 만나왔다. 그들에게는 공통적인 마음가짐이 있다. 바로, 타인의 성공을 기뻐하는 마음이다. 내 주변의 성공한 사람들은 모두 다른 이의 성공과 성과를 진심으로 기뻐하며 축복해준다.

친구 중에 경영 컨설턴트가 있는데, 이 친구는 전국적으로 가입자가 500명이 넘는 회원제 비즈니스 모임을 주관하고 있다. 동시에 비즈니스 분야 작가로서 여러 권의 책을 출간했으며 출판 프로듀서로도 활약 중인, 이른바 잘나가는 친구다. 이 친구 역시 남의 성공을 마치 자기 일처럼 기뻐하곤 하는데 그 마음이 정말 훌륭해서 늘 감동을 받는다.

한번은 친구가 기획 중이던 작업의 테마와 친구의 지인이 기획하던 테마가 겹친 적이 있었다. 아이디어 자체를 생각해낸 사람은 내 친구였지만 결과적으로는 지인 쪽이 그 테마로 일을 시작하게 됐다. 나는 친구가 오래전부터 준비해왔다는 사실을 알기 때문에 분명 속이 쓰릴 거라고 생각했다. 그런데 직접 만나 이야기를 들어보니 전혀 반대였다.

"예전부터 쭉 생각해왔던 콘셉트라 내가 직접 해보고 싶었는데, 결과적으로 다른 분이 먼저 시작하게 됐네요. 다소 유감이지만 신의 뜻이 그분에게 있었던 것 같아요. 그러니 진심으로 그의 성공을 기뻐하고 응원해줍시다."

친구의 이 말을 듣고 한 차원 높은 그의 생각에 무척 감탄했다. 누구에게나 남들보다 내가 더 성공하고 싶다는 욕심이 조금씩은 있기 때문이다.

그러나 잘 생각해보라. 주변 사람이나 친구의

성공이 반드시 남의 일만은 아니다. 성공한 사람이 다음 기회에 당신을 성공 무대로 이끌어줄 수도 있으니 말이다. 실제로 나한테도 그런 일이 많이 일어났다.

- 잡지에 실려 일약 유명 인사가 된 기업가 친구가 잡지 기자를 소개해줬다. 그 결과 내 인터뷰 기사가 실리게 됐다.
- 지인에게 며칠 뒤 거래처와 중요한 협상이 있다고 말했더니 협상만 하면 늘 성공하는 파워 스폿 라운지가 있다며 소개해줬다. 그뿐 아니라 회원만 이용할 수 있는 곳이라면서 예약과 준비를 모두 책임져줬다.
- 잘나가는 사업가 친구가 이른바 성공한 사람들만 모이는 파티에 초대받았으니 함께 가자고 권해주었다. 그 덕에 내세울 만한 경력이 없는데도 성공한 사람들과 이야기를 나누며 좋은 자극을 받았고, 이후에도 만남이 지속됐다.

당신도 이런 경험이 있지 않은가? 혹시 주위에 기회를 잡은 사람이 있다면 꼭 응원해주자. 그러면 그 사람도 언젠가 당신을 응원해줄 것이다. 누구든 다른 사람의 응원을 받으면 기쁘기 마련이고, 자신을 늘 응원하고 성공을 기뻐해 주는 사람에게는 보답하고 싶은 법이다.

타인의 성공을 함께 기뻐하면
그 응원이 되돌아오기 마련이다.

바꿔 말해 다른 사람에게 기쁨을 주는 사람이 성공한다는 말이다. 남을 기쁘게 하는 행동은 플러스 파동을 일으킨다. 따라서 상대에게 기쁨을 주고 기운을 북돋는 사람은 항상 플러스 파동에 둘러싸여 있다. 이 플러스 파동이 긍정의 흐름을 일으켜 더 강한 긍정 효과가 나타난다. 꾸준히 성공하는 순환 고리가 만들어지는 것이다.

내가 응원하고 격려해준 사람이 반대로 나를 응

원하고 기뻐해 줄 때는 순순히 받아들이자. 이때야 말로 당신이 긍정의 순환 고리, 즉 성공이라는 기 차에 올라탄 순간이다.

조너선 레바브,
"중요한 결정일수록 오전에 하라!"

결정을 하는 데 시간대는 얼마나 영향을 미칠까? 조너선 레바브(Jonathan Levav) 스탠포드대 교수에 따르면 중요한 결정일수록 오전에 하는 게 좋다.

스탠포드대 연구진은 오전, 오후 시간대가 결정에 영향을 미치는지를 알아보기 위해 이스라엘 교도소의 판사 4명을 무작위로 선정해 가석방 심사 결과를 분석해봤다. 그 결과 아침 일찍 이뤄진 가석방 심사에서는 65퍼센트의 죄수가 가석방 판정을 받은 반면, 늦은 오후 이뤄진 가석방 심사에서는 10퍼센트 미만의 죄수가 가석방 판정을 받았다.

가석방 판정을 내리지 않는다는 것은, '상황을 좀 더 지켜보자'라고, 가석방에 대한 판단을 보류하는 것이다. 이에 대해 연구진은 지친 상태에서는 판단을 내리려 하지 않기 때문에 이러한 결과가 나온 것이라 분석한다.

이 실험에서 또 한 가지 중요한 발견은 같은 오전 시간이라 하더라도 간식을 먹기 전과 후의 심사 결과가 큰 차이를 보였다는 것이다. 간식을 먹기 전의 가석방 확률은 15퍼센트에 불과한 반면, 간식을 먹은 후의 가석방 확률은 65퍼센트까지 높아졌다.

위의 실험 결과에서 알 수 있듯이, 중요한 결정을 앞두고 있다면 가능한 오전에 하는 것이 좋은 결정을 내릴 확률을 높여준다. 또한 적당한 당을 섭취한 뒤 결정 과정에 돌입한다면 후회를 최소화하는 결정을 내릴 수 있을 것이다.

제6장

원하는
나를 만드는
아침의 힘

나는 절대로
괜찮다고 말한다

긴 인생 여정 동안 위기는 시도 때도 없이 우리를 찾아온다. 위기가 왔을 때 어떻게 힘을 발휘해 이 순간을 극복할 수 있을까? 이것이 진정한 의미에서 비즈니스 능력이다. 유능한 사람은 위기 앞에서 흔들리거나 좌절하지 않고 해야 할 일을 묵묵히 할 따름이다. 그들이 능력자라서 동요하지 않는 것이 아니다. 스스로 감정을 조절해 냉정함을 되찾고 대응하기 때문에 위기가 확산되지 않을 뿐이다.

위기가 닥치면 한시라도 빨리 방법을 찾아야 한다는 생각에 무의식중에 대응에만 급급한 사람이 많은데, 그러면 냉정함이 사라져 사태가 더 악화될 수도 있다. 그렇게 되지 않으려면 마음과 머리를 진정시켜야 한다. 그 방법 중 하나가 자신을 칭찬하며 용기를 주는 것이다.

기운이 솟고 다시 일어설 힘이 생기는 말을 자신에게 건넨다.

나는 위기가 닥쳐 무언가에 짓눌린 듯 마음이 답답할 때는 항상 이렇게 말하며 자신에게 용기를 준다.

"넌 선택받은 사람이니까 절대로 괜찮아. 인생에 실패는 없어. 성공 아니면 시행착오가 있을 뿐이야. 도전을 멈춘 순간, 그때가 바로 실패의 순간이야. 용기를 내서 다시 일어나 보자. 행동하지 않고 시간만 흘려보내는 게 진짜 실패야. 내일 죽는다고 해도 후회 없는 오늘을 살자."

그러나 위기가 닥치면 누구나 불안하고 마음이

약해지기 마련이다. '앞으로 과연 어떤 일이 벌어질까?' 하는 막연한 불안감이 마음속에 똬리를 틀기 때문이다. 다시 말해, 그 불안만 제거하면 나머지는 편안해진다. 마음에 자리 잡은 불안을 없애는 다음의 방법을 추천한다.

- 사태가 악화됐을 때 일어날 법한 일들을 추린다.
- 각각의 가능성에 대한 대처법을 꼼꼼히 마련해 위기를 관리한다.
- 지금 할 수 있는 최선의 방법 세 가지를 찾아 우선순위를 정한 뒤 순서대로 실행한다.

이 세 가지 작업을 해두면 이후 무슨 일이 일어나든 모두 예상했던 범위 안에서의 일이다. 게다가 대처법도 미리 마련해두었기 때문에 마음속 불안이 사라져 용기 있게 행동할 수 있다.

나는 어떤 문제가 생기면 아침 명상을 하면서 '나는 어떤 문제든 반드시 극복할 수 있어!'라고 선언한다. 그리고 혼자 힘으로 문제를 해결한 후 최고의 순간을 맞이한 모습을 상상한다. 그러면 마음이 가라앉고 뇌도 문제 해결을 향해 움직이기 시작한다. 그럼 어느샌가 상황도 좋은 방향으로 흘러가기 시작한다.

위기가 찾아왔을 때 중요한 것은 먼저 에너지를 충전하는 시간을 가지는 것이다. 에너지를 충전한 뒤, 불안을 없애고 상황을 개선하기 위해 노력해도 늦지 않다.

나는 괜찮다.

이 사실을 꼭 기억하기 바란다.

휴식이야말로
궁극의 자기관리다

내가 가진 에너지를 건강히 발휘하길 원한다면 몸과 마음을 늘 최고 상태로 유지해야 한다. 회사에서 꾸준히 결과를 내는 사람들의 공통점은 아침나절에 몸과 마음 상태의 조절을 끝낸다는 것이다. 피곤할 때는 업무와 관계없는 편안한 음악을 듣거나 좋아하는 영상을 보는 것도 좋다. 시간이 있으면 앞뒤 생각하지 않고 영화관에 가는 것도 한 방법이다.

바쁘면 무의식중에 몸과 마음을 혹사하게 되고, 혹사당한 몸과 마음으로는 성과가 떨어질 수밖에 없고 생산성도 나빠진다. 생산성이 나쁘면 오랜 시간 일해도 진척 속도가 느려 무능하다는 꼬리표를 달고 다니게 된다. 그러니 내가 가진 에너지와 능력을 잘 발휘하기 위해서는 강약조절이 반드시 필요하다.

예를 들어 나는 정말 치열하게 일하는 사람이지만 밤 시간만큼은 완전한 쉼의 시간으로 남겨두고 있다. 8시 이후에는 별다른 사정이 없는 한 업무와 관련된 어떤 것도 하지 않는다. 이게 내 원칙이다. 빈 시간에는 사우나에 가거나 영화를 보면서 편안한 시간을 보내기도 하고 반려동물과 놀기도 한다.

제대로 쉬지 않아 생산성이 떨어진다면 그야말로 본말전도다. 아침에 일어났을 때 평소와 달리 몸이 찌뿌둥하거나 우울한 기분이 드는 등 신체 균형이 깨질 것 같은 신호가 느껴질 때는 망설이지 말고 쉬면서 충전하도록 하자.

회사를 쉬는 것도 선택지 중 하나지만 사실 말처럼 쉽지 않다. 이럴 때는 몸의 힘을 완전히 빼고

넋 놓고 있어도 좋고, 무엇을 하든 심신이 편안해지는 시간을 의도적으로 가져보자.

이렇게 쉬는 시간에는 10분 정도 짬을 내 가보고 싶은 여행지를 검색하거나 갖고 싶은 취미 용품을 찾아보는 등 상상만으로 가슴이 설레는 일을 하는 것도 좋다.

쉼이 곧 자기 관리다.
일부러라도 시간을 만들어 쉬어주면
몸과 마음이 편안해지고 일도 술술 풀린다.

목표를 세우고 늘 그 목표를 이루며 살고 싶은가? 그렇다면 쉼이라는 과감한 선택지도 마련해두어야 함을 잊지 말자.

상식을 의심하는
습관이 필요하다

사회인으로 살아가기 위해서는 상식이 필요하다. 일반적으로 상식이란 '세상 사람 80퍼센트가 지지하는 것'을 말한다. 그러나 세상에서 성공했다고 일컬어지는 사람들은 전체의 20퍼센트에 불과하며, 그 대다수는 매우 참신하고 '비상식적인' 발상의 소유자다.

세계 최초의 컵라면인 컵누들만 해도 그렇다. 닛신식품의 창업자 안도 모모후쿠(安藤百福)가 발명한 컵누들은 지금도 전 세계인의 사랑을 받고 있다. '컵에 뜨거운 물을 붓기만 하면 라면이 된다.

그것도 단 3분 만에!'라는 발상은 당시만 해도 매우 비상식적인 발상이었다. 모두가 '끼니란 모름지기 자르고 굽고 끓여 만들어야 한다'라고 생각했기 때문이다.

실제로 처음에는 전혀 팔리지 않았고 제조 과정에도 여러 어려움이 있었다. 심지어 사원 대부분이 이 아이디어에 반대했다고 한다. 하지만 지금은 '세기의 발명품'이라고 불릴 정도로 우리 생활에 꼭 필요한 존재가 됐다.

비상식적인 발상은
때때로 성공의 불씨가 된다.

많은 성공한 사람에게는 독자적인 발상과 생각이 있다. 종종 이런 발상과 생각이 비상식 취급을 받기도 하지만, 비상식과 독자성이야말로 새로운 무언가를 깨닫고 만들어내는 원동력이 된다.

단, 독자성은 말처럼 쉽게 길러지지 않는다. 약

간의 훈련이 필요하다. 먼저 상식을 의심하는 습관이 필요하다. 이른바 '일반적'이라 여겨지는 지점과 한 발 떨어진 곳에서 사물을 바라보는 것이다. 그러면 아직 아무도 손대지 않은 미지의 영역이 눈에 들어온다. 또 모두가 불가능하다고 포기한 곳에서 새로운 가능성을 발견해 구체적 형태로 발전시키는 등 아이디어의 폭을 넓힐 수 있다.

모든 일에는 다양한 가능성이 숨어 있다. 상식에 의문을 가지고 조금 다른 관점에서 눈앞의 일들을 바라보며 끊임없이 비즈니스 기회를 찾자.

지금 당신 눈앞에 무엇이 보이는가. 그냥 지나치지 말고 비상식의 눈으로 관찰해보자. 참신한 비즈니스로 이어질 놀라운 가능성의 씨앗이 그곳에 숨겨져 있을지도 모르니 말이다.

'1일 1쪽' 고전 읽기로
나만의 기준을 만든다

고전은 어려워서 선뜻 손이 가지 않는다는 사람이 많다. 그러나 고전은 시공을 초월해 살아남은 베스트셀러 중의 베스트셀러다. 인생의 진리, 삶의 지혜, 성공에 꼭 필요한 노하우 등 유익한 내용이 가득하다.

고전의 내용은 '이럴 때는 이렇게 하세요'와 같은 벼락치기식 행동 매뉴얼과는 차원이 다르다. 고전을 통해 우리는 인간으로서 추구해야 할 삶의 자세를 배우고 오늘을 살아갈 힘을 얻을 수 있다.

고전은 어떤 문제가 발생했을 때
판단 기준이 되는 내면의 축을 견고히 해준다.

　사회적으로 성공한 사람치고 인간적으로 매력
적이지 않은 사람은 없다. 하나같이 됨됨이가 훌륭
하다. 그렇기에 자신의 분야에서 성공했을지도 모
른다. 나도 고전을 읽고 나서부터는 강연 질의응답
시간에 처세술이 아닌 삶의 태도나 본질에 관한
질문을 받아도 대부분 답변할 수 있게 됐다. 청중
의 다양한 질의응답에 만족할 만한 답을 제시하기
위해서는 단순 지식만으로는 부족하다. 예상하지
못한 돌발 질문도 꽤 많기 때문이다. 고전에서 다
양한 지혜를 배우면서 대답할 수 있게 된 것이다.

　고전은 장편이 많은 까닭에 읽으려면 시간과 기
력 소모가 만만치 않다. 그러나 바쁘다는 핑계로
읽지 않으면 성공에 필요한 자질을 키울 수 없다.

　요새는 원문을 제대로 살린 현대어 번역본도 나
와 있어서 본질을 쉽게 이해할 수 있다. 매일 아침

1쪽이라도 좋으니 마음의 양식이라고 생각하고 좋아하는 고전을 읽어보길 바란다. 처세술 책처럼 즉효성은 없을지 모르나 꾸준히 계속 읽으면 몇 년 뒤에는 살아가는 데 필요한 단단한 힘과 지혜, 그리고 문제 해결 능력까지 비약적으로 발전하게 되리라고 확신한다.

시간을 내 편으로 만드는
아침 행동

직업상 성공한 인물을 자주 만나고 곁에서 지켜보면서, 놀랍게도 그들에게는 공통된 능력이 있다는 사실을 발견했다.

시간을 내 편으로 만들어
자신의 의지대로 조절하는 능력이다.

　일에 쫓겨 바쁘다고 한탄하는 사람 대부분은 시간에 휘둘리는 사람이다. "이런! 몇 시간밖에 안 남았어", "벌써 나갈 시간이야"라는 말을 내뱉으며 시계를 보고 늘 허둥지둥한다.

시간에 휘둘리지 않고 하고 싶은 일을 하려면 시간을 내 편으로 만들어 지혜롭게 사용할 줄 알아야 한다. 그러려면 해야 할 일을 뒤로 미루지 않고 즉시 해치우는 습관이 중요하다. 그때그때 마무리 짓는 습관을 들이면 돌발 상황이 벌어져도 대응할 수 있고, 기회가 왔을 때 즉시 잡을 수 있다.

시간을 내 편으로 만드는 나만의 아침 행동이 있다. 일어나 바로 수첩을 바라보며 하루 일정을 상상하는 것이다. 자동차 내비게이션과 같은 요령이다. 이렇게 하면 하루 흐름을 읽을 수 있어 시간을 자기 주도적으로 운용할 수 있다. 시간과 좋은 관계를 유지해 기회를 놓치는 일 없이 꾸준히 결과를 내도록 하자.

마지막 결단은
직감에 맡겨라

"비즈니스에서는 직감이 중요합니다."

저명한 경영인들에게 자주 듣는 말이다.

'직감? 어떤 직감을 말하는 거지?' 하고 고개를 갸웃거리는 사람도 있을 듯하다. 그러나 지난날을 떠올려봤을 때 직감에 따라 행동해 이익을 본 적이 있다는 사람이 의외로 많다.

예전에 토지를 구입하려고 알아본 적이 있다. 이곳저곳 찾기 시작한 지 얼마 안 돼 원하는 조건과 거의 맞아떨어지는 썩 괜찮은 땅이 나왔다. 주위 반응도 굉장히 긍정적이었지만, '뭔가 이상한

데?' 하는 직감이 발동하면서 좀처럼 마음이 동하지 않아 결국 계약을 미뤘다. 모두 왜 그러냐며 놀랐지만 딱히 설명하기 힘든 느낌이 강하게 들었다. 그로부터 며칠 뒤, 그 토지가 부정한 인물과 복잡하게 얽힌 사연 있는 땅임을 알게 됐다. 만약 직감을 무시한 채 구입했다면 골치 아픈 일이 생겼을지도 모른다.

본능에 따라 직감적으로 내린 판단이 더 좋은 결과로 이어진다는 사실은 이미 여러 실험을 통해서도 증명됐다. 직감은 여러 감각 중 하나에 불과하다고 대수롭지 않게 생각하는 사람이 많지만 실제로는 뇌에 있는 방대한 양의 정보(경험, 학습 등으로 길러진 것도 포함)를 바탕으로 뇌가 내린 결론일 수도 있다. 예상되는 위험을 비롯해 모든 가능성을 검증한 뒤 결론이 나왔을 때 직감이 움직이는 것이다. 그러니 자신에게 이익이 되는 판단인 경우가 많다.

직감이 작동한다면 '조심해'라는 신호다.
'기다림'도 중요한 선택지 중 하나다.

특히 무언가 이상하다고 느껴질 때는 더더욱 '기다리기'로 결단을 내리자. 흐름을 타서 기회를 잡는 경우도 있지만, 미래가 호전되기를 바라며 마음의 소리에 귀 기울이면 그 이상의 기회가 찾아오기도 하기 때문이다.

단, 정보가 없으면 직감도 올바르게 작동하지 않는다. 판단에 필요한 재료를 되도록 많이 입수해 철저히 음미한 뒤, 마지막 결단은 직감에 맡기자.

포기할 줄
아는 용기

사람마다 적성에 맞는 일과 맞지 않는 일이 있다. 안타깝지만, 아무리 하고 싶은 일이라 할지라도 적성에 맞지 않으면 진행이 더디고 시간이 오래 걸리는 등 결과가 만족스럽지 않은 게 보통이다. 게다가 자신과 맞지 않는데도 계속 붙잡고 있으면 동기부여 등 여러 방면에 부정적으로 작용해 본래 잘하는 분야에까지 안 좋은 영향을 끼친다.

아무리 열심히 하더라도
자신에게 맞지 않는 일이 있다.

그러니 괜히 발버둥 치지 말고 안 맞는다는 사실을 깨끗이 받아들이고 포기하는 용기를 갖자.

중국의 고전《주자학》에 '주일무적(主一無適)'이라는 말이 있다. '일을 할 때 마음을 한군데 집중하여 잡념을 없앤다'라는 의미다. 원활한 업무 진행을 원한다면 가슴에 새겨야 할 가르침이다.

아무리 하고 싶은 일이 많아도 한꺼번에 모두 할 수는 없다. 한꺼번에 할라치면 힘이 분산돼 결국 어느 것 하나 제대로 하지 못하고 흐지부지한 상태로 끝나고 만다. 모두에게 불행한 결과만 남을 뿐이다. 반대로, 할 수 있는 일 한 가지에만 초점을 맞추고 집중해 놀라운 성과를 냈다면 당신은 그 일을 완수한 셈이 된다.

포기가 꼭 도망간다는 뜻은 아니다. 마케팅에서 말하는 '선택과 집중', 즉 비즈니스 관점에서 볼 때 매우 중요한 기술이다. 지금 자신이 무엇을 해야 하는지, 무엇이 가장 중요한지를 바로 알고 선택하는 용기를 갖자.

나만의 롤모델을
무조건 따라 해본다

꿈과 목표를 실현하는 매우 효과적인 방법이 있다.

내가 목표로 하는 결과를 이미 세상에 내놓은
같은 분야 일인자의 노하우를 따라 하는 것이다.

중요한 것은 따라 하는 상대가 반드시 그 분야의 일인자여야 한다는 것이다 즉, 가까운 선배나 동료 등이 아니라 최고라 불릴 만한 사람을 흉내 내야 한다. 한 분야의 일인자로 꼽히는 사람에게는 최고의 결과를 뒷받침하는 나름의 사고와 행동 방식이 있다. 머릿속 생각을 모두 들여다보기는 힘들지만 행동은 감출 수 없다. 바로 그 행동을 철저히 모방하면 된다.

일류의 노하우는 최고 결과를 내는 레시피, 즉 비법과 같다. 반복해 따라 하다 보면 단기간에 같은 결과를 낼 수 있는데, 혼자 하나하나 쌓아나가는 것보다 결과에 훨씬 일찍 도달한다. 시행착오를 거치며 반복적으로 모방하다 보면 어느 순간 갑자기 결과가 나오게 된다.

이는 틀림없이 일류의 사고방식과 행동 방법을 발견했다는 증거다. 그 사람이 쓴 책을 읽거나 홈페이지를 관찰해 노하우를 발견한다. 그리고 어느 부분을 따라 할지 정해 노트에 정리한다. 모두 따라 하려고 하지 말고 간단한 부분이나 자신이 원하는 결과를 내고 있는 부분에 특화하는 편이 좋다. 따라 할 부분을 단계별로 나누면 실행하기가 더 쉽다.

좀처럼 성과가 없어 고민인 사람은 자신의 업계

를 살펴 자신이 원하는 최고의 결과를 내고 있는 사람을 찾는 일부터 시작해보자. 대상을 정했다면 매일 아침 오늘은 어떤 행동을 흉내 낼지 정하고 하루 계획에 반영한다.

모방을 하면 성공하는 사람이 보는 경치, 느끼는 감각을 공유하게 되므로 여러 가지 깨달음을 얻을 수 있다. 모방을 시작한 그 순간부터 사고와 행동도 변하기 시작한다. 적극적인 자세로 모방의 달인이 되어보길 바란다.

"변화는 이제부터 시작이다!"

사람들은 늘 변화를 꿈꾸지만 '내 인생이 과연 달라질 수 있을까?'라며 자신의 삶의 변화에 대해서는 늘 회의적이다. 심리학자 댄 길버트(Dan Gilbert)는 이를 '역사의 종말 환상'이라 말하며, 18세~68세 연령대의 사람들은 향후 10년간 자신이 경험할 변화에 대해 과소평가하는 경향이 있다고 한다. 스스로를 '완성품'이라 생각하기 때문에 미래의 변화보다는 현재의 상태가 지속될 것이라고 믿는 것이다. 그러나 그는 이러한 생각이 바로 착각이라고 말한다.

댄 길버트가 발표한 시간에 따른 가치관 변화에 대한 연구결과를 보면, 나이가 들면서 자신이 중요하게 생각하는 가치는 꾸준히 달라지며, 가치관뿐만 아니라 성격도 변화시키며 선도호도 바뀐다. 시간의 변화에 따라 우리는 꾸준히 변화하고 있으면서도 막연히 지금의 상태가 지속될 것이라 착각하는 것이다.

원하는 삶이 있다면 지금부터 그 변화의 흐름에 올라타보자. 변화는 지금부터 시작이다.

에필로그

이제부터 빛나는 인생이 시작된다!

마지막까지 읽어주셔서 감사합니다.

인생은 꿈을 이루기 위해 떠나는 여행이 아닐까 싶습니다. 주어진 삶을 알차게 꾸려가며 '저런 사람이 되고 싶어', '이렇게 살면 재미있겠다'라는 로망을 좇는 여행 말이지요.

꿈을 꾸고, 꿈을 좇는 행동은 인간에게만 허락된 특권입니다. 그런데 많은 사람이 도중에 꿈을 포기해버리고 맙니다. 꿈을 이루는 방법을 모르기 때문입니다.

하지만 여러분은 다릅니다. 이 책을 읽으면서

원하는 나를 만들고, 꿈꾸던 목표를 이루기 위해 아침이라는 시간을 어떻게 활용하면 되는지 그 방법과 마음가짐을 배웠으리라 생각합니다.

여기까지 다 읽은 여러분에게 이제 남은 일은 용기를 가지고 행동으로 옮기는 것입니다. 결과는 행동의 산물입니다. 아무리 사소한 것이라도 행동하면 결과가 나오기 마련입니다.

하루를 만족스럽게 보내기 위해서, 나아가 자존감을 높이고 매일 작은 성취를 느끼며 주체적으로 삶을 꾸려가기 위한 첫 시작이 바로 아침 습관을 다지는 것입니다.

아침을 지배하는 자가 인생을 지배할 수 있습니다. 실제로 많은 성공한 사람이 목표를 이루기 위해 가장 중요하게 여기는 것이 바로 아침 시간을 충실히 보내는 것입니다. 하지만 성공한 사람 모두가 처음부터 아침을 유의미하게 보낸 것은 아닙니다. 아침마다 알람을 몇 번이고 꺼가며 비몽사몽을 헤매다가 허겁지겁 출근길에 올랐던 이들도 분명 있습니다. 습관으로 자리 잡기까지 누구에게나 시간이 필요합니다. '나는 아무래도 아침형 인간은 아닌 것 같아'라는 생각에 처음부터 포기한다면 인생의 변화를 맛볼 기회도 놓치게 되는 겁니다.

늘 같은 패턴을 반복하면, 늘 같은 일만 하게 되고, 당연히 결과도 늘 같을 수밖에 없습니다. 반대로 사소한 행동이라도 변화를 주고, 생각을 의식적으로 선택하면, 예상 밖의 결과가 튀어나오기도 합니다. 아침을 어떻게 보내느냐에 따라 그날 하루가 달라지는 셈이지요.

아침이 달라지면서 제 인생도 달라졌습니다. '일 년의 계획은 새해 첫날에. 하루 계획은 아침에.' 저는 이것을 매우 중요하게 생각합니다.

잊지 마세요. 최고의 아침을 보내면 최고의 하루를 보낼 수 있습니다.

책의 마지막 페이지를 덮는 이 순간이, 여러분 인생 최고의 전환점을 맞으러 떠나는 여행의 출발점이 되기를 진심으로 응원합니다.

KI신서9604

나는 아침마다 삶의 감각을 깨운다

1판 1쇄 발행 2021년 4월 14일
2판 1쇄 발행 2022년 8월 22일
2판 3쇄 발행 2023년 7월 3일

지은이 고토 하야토
옮긴이 조사연
펴낸이 김영곤
펴낸곳 ㈜북이십일 21세기북스

콘텐츠개발본부이사 정지은
서가명강팀장 강지은 **서가명강팀** 공승현 김미래
디자인 THIS-COVER
출판마케팅영업본부장 민안기
마케팅2팀 나은경 정유진 박보미 백다희
출판영업팀 최명열 김도연 김다운
e-커머스팀 장철용 권채영
제작팀 이영민 권경민

출판등록 2000년 5월 6일 제406-2003-061호
주소 (10881) 경기도 파주시 회동길 201 (문발동)
대표전화 031-955-2100 **팩스** 031-955-2151 **이메일** book21@book21.co.kr

㈜북이십일 경계를 허무는 콘텐츠 리더

21세기북스 채널에서 도서 정보와 다양한 영상자료, 이벤트를 만나세요!
페이스북 facebook.com/jiinpill21   포스트 post.naver.com/21c_editors
인스타그램 instagram.com/jiinpill21   홈페이지 www.book21.com
유튜브 youtube.com/book21pub
서울대 **가**지 않아도 들을 수 있는 **명**강의! <서가명강>
유튜브, 네이버, 팟캐스트에서 '서가명강'을 검색해보세요!

ⓒ 고토 하야토, 2016

ISBN 978-89-509-9447-1 03190